PREFACIO

La colección de guías de conversación para viajar "Todo irá bien" publicada por T&P Books está diseñada para personas que viajan al extranjero para turismo y negocios. Las guías contienen lo más importante - los elementos esenciales para una comunicación básica.Éste es un conjunto de frases imprescindibles para "sobrevivir" mientras está en el extranjero.

Esta guía de conversación le ayudará en la mayoría de los casos donde usted necesite pedir algo, conseguir direcciones, saber cuánto cuesta algo, etc. Puede también resolver situaciones difíciles de la comunicación donde los gestos no pueden ayudar.

Este libro contiene una gran cantidad de frases que han sido agrupadas según los temas más relevantes. Esta edición también incluye un pequeño vocabulario que contiene alrededor de 3.000 de las palabras más frecuentemente usadas.Otra sección de la guía proporciona un glosario gastronómico que le puede ayudar a pedir los alimentos en un restaurante o a comprar comestibles en la tienda.

Llévese la guía de conversación "Todo irá bien" en el camino y tendrá una insustituible compañera de viaje que le ayudará a salir de cualquier situación y le enseñará a no temer hablar con extranjeros.

TABLA DE CONTENIDOS

Pronunciación	5
Lista de abreviaturas	6
Guía de conversación Español-Persa	7
Vocabulario temático	71
Glosario gastronómico	191

T&P Books Publishing

T&P Books Publishing

GUÍA DE CONVERSACIÓN
PERSA

Andrey Taranov

LAS PALABRAS Y LAS FRASES MÁS ÚTILES

Esta Guía de Conversación
contiene las frases y las
preguntas más comunes
necesitadas para una
comunicación básica
con extranjeros

T&P BOOKS

Guía de conversación + diccionario de 3000 palabras

Guía de conversación Español-Persa y vocabulario temático de 3000 palabras

por Andrey Taranov

La colección de guías de conversación para viajar "Todo irá bien" publicada por T&P Books está diseñada para personas que viajan al extranjero para turismo y negocios. Las guías contienen lo más importante - los elementos esenciales para una comunicación básica. Éste es un conjunto de frases imprescindibles para "sobrevivir" mientras está en el extranjero.

Este libro también incluye un pequeño vocabulario temático que contiene alrededor de 3.000 de las palabras más frecuentemente usadas. Otra sección de la guía proporciona un glosario gastronómico que le puede ayudar a pedir los alimentos en un restaurante o a comprar comestibles en la tienda.

T&P Books Publishing
www.tpbooks.com

ISBN: 978-1-78716-965-4

Este libro está disponible en formato electrónico o de E-Book también.
Visite www.tpbooks.com o las librerías electrónicas más destacadas en la Red.

PRONUNCIACIÓN

T&P alfabeto fonético	Ejemplo persa	Ejemplo español
['] (ayn)	دعوا [da'vā]	fricativa faríngea sonora
['] (hamza)	تایید [ta'id]	oclusiva glotal sorda
[a]	رود [ravad]	radio
[ā]	آتش [ātaš]	contraataque
[b]	بانک [bānk]	en barco
[č]	چند [čand]	mapache
[d]	هشتاد [haštād]	desierto
[e]	عشق [ešq]	verano
[f]	فندک [fandak]	golf
[g]	لوگو [logo]	jugada
[h]	گیاه [giyāh]	registro
[i]	جزیره [jazire]	ilegal
[j]	جشن [jašn]	jazz
[k]	کاج [kāj]	charco
[l]	لیمو [limu]	lira
[m]	ماجرا [mājarā]	nombre
[n]	نروژ [norvež]	sonar
[o]	گلف [golf]	bordado
[p]	اپرا [operā]	precio
[q]	لاغر [lāqar]	amigo, magnífico
[r]	رقم [raqam]	era, alfombra
[s]	سوپ [sup]	salva
[š]	دوش [duš]	shopping
[t]	ترجمه [tarjome]	torre
[u]	نیرو [niru]	mundo
[v]	ورشو [varšow]	travieso
[w]	روشن [rowšan]	acuerdo
[x]	کاخ [kāx]	reloj
[y]	بیابان [biyābān]	asiento
[z]	زنجیر [zanjir]	desde
[ž]	ژوئن [žuan]	adyacente

LISTA DE ABREVIATURAS

Abreviatura en español

adj	-	adjetivo
adv	-	adverbio
anim.	-	animado
conj	-	conjunción
etc.	-	etcétera
f	-	sustantivo femenino
f pl	-	femenino plural
fam.	-	uso familiar
fem.	-	femenino
form.	-	uso formal
inanim.	-	inanimado
innum.	-	innumerable
m	-	sustantivo masculino
m pl	-	masculino plural
m, f	-	masculino, femenino
masc.	-	masculino
mat	-	matemáticas
mil.	-	militar
num.	-	numerable
p.ej.	-	por ejemplo
pl	-	plural
pron	-	pronombre
sg	-	singular
v aux	-	verbo auxiliar
vi	-	verbo intransitivo
vi, vt	-	verbo intransitivo, verbo transitivo
vr	-	verbo reflexivo
vt	-	verbo transitivo

T&P BOOKS

GUÍA DE CONVERSACIÓN PERSA

Esta sección contiene frases
importantes que pueden
resultar útiles en varias
situaciones de la vida real.
La Guía le ayudará a pedir
direcciones, aclaración
sobre precio, comprar billetes,
y pedir alimentos en un
restaurante

T&P Books Publishing

CONTENIDO DE LA GUÍA DE CONVERSACIÓN

Lo más imprescindible 10
Preguntas 13
Necesidades 14
Preguntar por direcciones 16
Carteles 18
Transporte. Frases generales 20
Comprar billetes 22
Autobús 24
Tren 26
En el tren. Diálogo (Sin billete) 28
Taxi 29
Hotel 31
Restaurante 34
De Compras 36
En la ciudad 38
Dinero 40

Tiempo   42
Saludos. Presentaciones.   44
Despedidas   46
Idioma extranjero   48
Disculpas   49
Acuerdos   50
Rechazo. Expresar duda   51
Expresar gratitud   53
Felicitaciones , Mejores Deseos   54
Socializarse   55
Compartir impresiones. Emociones   58
Problemas, Accidentes   60
Problemas de salud   63
En la farmacia   66
Lo más imprescindible   68

T&P Books Publishing

Lo más imprescindible

Perdone, …	bebaxšid, … ببخشید، ،...
Hola.	salām سلام.
Gracias.	mamnun ممنون

Sí.	bale بله
No.	xeyr خیر
No lo sé.	nemidānam نمی دانم.
¿Dónde? | ¿A dónde? | ¿Cuándo?	kojā? | kojā? | key? کجا؟ ا کجا؟ ا کی؟

Necesito …	be … ehtiyāj dāram به...أحتیاج دارم
Quiero …	mixāham … می خواهم...
¿Tiene …?	āyā … dārid? آیا...دارید؟
¿Hay … por aquí?	āyā injā … hast? آیا اینجا ...هست؟
¿Puedo …?	mitavānam …? می توانم...؟
…, por favor? (petición educada)	lotfan لطفأ

Busco …	donbāl-e … migardam دنبال...می گردم.
el servicio	tuālet توالت
un cajero automático	xodpardāz خودپرداز
una farmacia	dāruxāne داروخانه
el hospital	bimārestān بیمارستان

la comisaría	edāre-ye polis اداره پلیس
el metro	istgāh-e metro ایستگاه مترو

un taxi	tāksi
	تاکسی
la estación de tren	istgāh-e qatār
	ایستگاه قطار

Me llamo …	esm-e man … ast
	اسم من...است.
¿Cómo se llama?	esm-e šomā čist?
	اسم شما چیست؟
¿Puede ayudarme, por favor?	lotfan mitavānid komakam konid?
	لطفأ می توانید کمکم کنید؟
Tengo un problema.	yek moškel dāram
	یک مشکل دارم.
Me encuentro mal.	hālam xub nist
	حالم خوب نیست.
¡Llame a una ambulancia!	āmbulāns xabar konid!
	آمبولانس خبر کنید!
¿Puedo llamar, por favor?	mitavānam yek telefon bezanam?
	می توانم یک تلفن بزنم؟

Lo siento.	ma'zerat mixāham
	معذرت می خواهم.
De nada.	xāheš mikonam
	خواهش می کنم.

Yo	man
	من
tú	to
	تو
él	u
	او
ella	u
	او
ellos	an-hā
	آنها
ellas	an-hā
	آنها
nosotros /nosotras/	mā
	ما
ustedes, vosotros	šomā
	شما
usted	šomā
	شما

ENTRADA	vorudi
	ورودی
SALIDA	xoruji
	خروجی
FUERA DE SERVICIO	xarāb
	خراب
CERRADO	baste
	بسته

ABIERTO	bāz
	باز
PARA SEÑORAS	zanāne
	زنانه
PARA CABALLEROS	mardāne
	مردانه

Preguntas

¿Dónde?	kojā? کجا؟
¿A dónde?	kojā? کجا؟
¿De dónde?	az kojā? از کجا؟
¿Por qué?	čerā? چرا؟
¿Con que razón?	be če dalil? به چه دلیل؟
¿Cuándo?	key? کی؟

¿Cuánto tiempo?	če modat? چه مدت؟
¿A qué hora?	če sāati? چه ساعتی؟
¿Cuánto?	čand ast? چنداست؟
¿Tiene ...?	āyā ... dārid? آیا...دارید؟
¿Dónde está ...?	... kojāst? ...کجاست؟

¿Qué hora es?	sāat čand ast? ساعت چند است؟
¿Puedo llamar, por favor?	mitavānam yek telefon bezanam? می توانم یک تلفن بزنم؟
¿Quién es?	kiye? کیه؟
¿Se puede fumar aquí?	mitavānam injā sigār bekešam? می توانم اینجا سیگار بکشم؟
¿Puedo ...?	mitavānam ...? می توانم...؟

Necesidades

Quisiera …	mixāham …
	می خواهم...
No quiero …	nemixāham …
	نمی خواهم...
Tengo sed.	tešne hastam
	تشنه هستم.
Tengo sueño.	mixāham bexābam
	می خواهم بخوابم.

Quiero …	mixāham …
	می خواهم...
lavarme	xod rā bešuyam
	خود را بشویم
cepillarme los dientes	dandānhāyam rā mesvāk bezanam
	دندان هایم را مسواک بزنم
descansar un momento	kami esterāhat konam
	کمی استراحت کنم
cambiarme de ropa	lebashāyam rā avaz konam
	لباسهایم را عوض کنم

volver al hotel	be hotel bargaštan
	به هتل برگشتن
comprar …	… xaridan
	...خریدن
ir a …	be … raftan
	به...رفتن
visitar …	az … bāzdid kardan
	از...بازدید کردن
quedar con …	bā … molāqāt kardan
	با...ملاقات کردن
hacer una llamada	telefon zadan
	تلفن زدن

Estoy cansado /cansada/.	xaste-am
	خسته ام.
Estamos cansados /cansadas/.	xaste-im
	خسته ایم.
Tengo frío.	sardam ast
	سردم است.
Tengo calor.	garmam ast
	گرمم است.
Estoy bien.	xub hastam
	خوب هستم.

Tengo que hacer una llamada.

niyāz dāram telefon bezanam

نیازدارم تلفن بزنم.

Necesito ir al servicio.

bayad be tuālet beravam

باید به توالت بروم.

Me tengo que ir.

bāyad beravam

باید بروم.

Me tengo que ir ahora.

bāyad alān beravam

باید الان بروم.

Preguntar por direcciones

Perdone, ...	bebaxšid, ... ،...ببخشید
¿Dónde está ...?	... kojāst? ؟کجاست...
¿Por dónde está ...?	... az kodām taraf ast? ؟از کدام طرف است...
¿Puede ayudarme, por favor?	mitavānid lotfan komakam konid? ؟می توانید لطفاً کمکم کنید

Busco ...	donbāl-e ... migardam دنبال...می گردم
Busco la salida.	donbāl-e xoruji migardam .دنبال خروجی می گردم
Voy a ...	be ... miravam به...می روم
¿Voy bien por aquí para ...?	in rāh barāye raftan be ... dorost ast? ؟این راه برای رفتن به...درست است

¿Está lejos?	dur ast? ؟دور است
¿Puedo llegar a pie?	mitavānam piyāde beravam? ؟می توانم پیاده بروم
¿Puede mostrarme en el mapa?	mitavānid ruye naqše nešānam bedahid? ؟می توانید روی نقشه نشانم بدهید
Por favor muestreme dónde estamos.	lotfan be man nešān bedahid alān kojā hastim .لطفاً به من نشان بدهید الان کجا هستیم

Aquí	injā اینجا
Allí	ānjā آنجا
Por aquí	az in rāh از این راه

Gire a la derecha.	dast-e rast bepičid .دست راست بپیچید
Gire a la izquierda.	dast-e čap bepičid .دست چپ بپیچید
la primera (segunda, tercera) calle	be avvalin (dovvomin, sevvomin) xiyabān bepičid. .به اولین(دومین، سومین)خیابان بپیچید

a la derecha

dast-e rāst

دست راست

a la izquierda

dast-e čap

دست چپ

Siga recto.

mostaqim beravid

مستقیم بروید.

Carteles

¡BIENVENIDO!	xoš āmadid
	خوش آمدید
ENTRADA	vorudi
	ورودی
SALIDA	xoruji
	خروجی

EMPUJAR	fešār bedahid
	فشار بدهید
TIRAR	bekešid
	بکشید
ABIERTO	bāz
	باز
CERRADO	baste
	بسته

PARA SEÑORAS	zanāne
	زنانه
PARA CABALLEROS	mardāne
	مردانه
CABALLEROS	āqāyān
	آقایان
SEÑORAS	xānomha
	خانمها

REBAJAS	taxfif
	تخفیف
VENTA	harāj
	حراج
GRATIS	rāygān
	رایگان
¡NUEVO!	jadid
	جدید
ATENCIÓN	movāzeb bāšid
	مواظب باشید

COMPLETO	zarfiyat takmil
	ظرفیت تکمیل
RESERVADO	rezerv šode
	رزرو شده
ADMINISTRACIÓN	edāre
	اداره
SÓLO PERSONAL AUTORIZADO	moxtas-e kārkonān
	مختص کارکنان

CUIDADO CON EL PERRO	movāzeb-e sag bāšid
	مواظب سگ باشید
NO FUMAR	sigār nakešid
	سیگار نکشید
NO TOCAR	dast nazanid
	دست نزنید

PELIGROSO	xatarnāk
	خطرناک
PELIGRO	xatar
	خطر
ALTA TENSIÓN	voltāj-e bālā
	ولتاژ بالا
PROHIBIDO BAÑARSE	šenā mamnuʿ
	شنا ممنوع

FUERA DE SERVICIO	xarāb
	خراب
INFLAMABLE	qābel-e ešteāl
	قابل اشتعال
PROHIBIDO	mamnuʿ
	ممنوع
PROHIBIDO EL PASO	vorud mamnuʿ
	ورود ممنوع
RECIÉN PINTADO	rang-e xis
	رنگ خیس

CERRADO POR RENOVACIÓN	barāye taʿmirāt baste ast
	برای تعمیرات بسته است
EN OBRAS	dar dast-e taʿmir
	در دست تعمیر
DESVÍO	masir-e enherāfi
	مسیرانحرافی

Transporte. Frases generales

el avión	havāpeymā
	هواپیما
el tren	qatār
	قطار
el bus	otobus
	اتوبوس
el ferry	kašti
	کشتی
el taxi	tāksi
	تاکسی
el coche	māšin
	ماشین

el horario	jadval-e sāāt
	جدول ساعات
¿Dónde puedo ver el horario?	jadval-e sāāt rā kojā mtavānam bebinam?
	جدول ساعات را کجا می توانم ببینم؟

días laborables	ruzhā-ye bāz
	روزهای باز
fines de semana	ruzhā-ye baste
	روزهای بسته
días festivos	ruzhā-ye ta'til
	روزهای تعطیل

SALIDA	harekat
	حرکت
LLEGADA	vorud
	ورود
RETRASADO	bā ta'xir
	باتاخیر
CANCELADO	kansel šode
	کنسل شده

siguiente (tren, etc.)	ba'di
	بعدی
primero	avvalin
	اولین
último	āxarin
	آخرین

¿Cuándo pasa el siguiente ...?	... ba'di če sāati ast?
	...بعدی چه ساعتی است؟
¿Cuándo pasa el primer ...?	avvalin ... če sāati ast?
	اولین... چه ساعتی است؟
¿Cuándo pasa el último ...?	āxarin ... če sāati ast?
	آخرین... چه ساعتی است؟

el trasbordo (cambio de trenes, etc.)	terānsfer
	ترانسفر
hacer un trasbordo	terānsfer gereftan
	ترانسفر گرفتن
¿Tengo que hacer un trasbordo?	āyā bāyad terānsfer begiram?
	آیا باید ترانسفر بگیرم؟

Comprar billetes

¿Dónde puedo comprar un billete?	kojā mitavānam bilit bexaram? كجامى توانم بليط بخرم؟
el billete	bilit بليط
comprar un billete	ilit xaridan بليط خريدن
precio del billete	qeymat-e yek bilit قيمت يک بليط
¿Para dónde?	barāye kojā? براى كجا؟
¿A qué estación?	če maqsadi? چه مقصدى؟
Necesito …	be … niyāz dāram به...نيازدارم
un billete	yek bilit يک بليط
dos billetes	do bilit دو بليط
tres billetes	se bilit سه بليط
sólo ida	raft رفت
ida y vuelta	rafo-o-bargašt رفت و برگشت
en primera (primera clase)	daraje yek درجه يک
en segunda (segunda clase)	daraje do درجه دو
hoy	emruz امروز
mañana	fardā فردا
pasado mañana	pas fardā پس فردا
por la mañana	sobh صبح
por la tarde	ba'd az zohr بعد از ظهر
por la noche	šab شب

asiento de pasillo

sandali-ye taraf-e rāhro
صندلی طرف راهرو

asiento de ventanilla

sandali-ye taraf-e panjare
صندلی طرف پنجره

¿Cuánto cuesta?

čand ast?
چنداست؟

¿Puedo pagar con tarjeta?

mitavānam bā kārt bepardāzam?
می توانم با کارت بپردازم؟

Autobús

el autobús	otobus
	اتوبوس
el autobús interurbano	otobus-e beyn-e šahri
	اتوبوس بین شهری
la parada de autobús	istgāh-e otobus
	ایستگاه اتوبوس
¿Dónde está la parada de autobuses más cercana?	nazdiktarin istgāh-e otobus kojāst?
	نزدیکترین ایستگاه اتوبوس کجاست؟
número	šomāre
	شماره (اتوبوس، غیره)
¿Qué autobús tengo que tomar para ...?	barāye raftan be ... če otobusi rā bāyad begiram?
	برای رفتن به...چه اتوبوسی را باید بگیرم؟

¿Este autobús va a ...?	āyā in otobus be ... miravad?
	آیا این اتوبوس به...می رود؟
¿Cada cuanto pasa el autobús?	otobus har čand vaqt yekbār rāh mioftad?
	اتوبوس هر چند وقت یکبار راه می افتد؟

cada 15 minutos	har pānzdah daqiqe yekbār
	هر 15 دقیقه یکبار
cada media hora	har nim sāat yekbār
	هر نیم ساعت یکبار
cada hora	har sāat
	هر ساعت
varias veces al día	čand bār dar ruz
	چند بار در روز
... veces al día	... bār dar ruz
	...بار در روز

el horario	jadval-e sāāt
	جدول ساعات
¿Dónde puedo ver el horario?	jadval-e sāāt rā kojā mtavānam bebinam?
	جدول ساعات را کجا می توانم ببینم؟

¿Cuándo pasa el siguiente autobús?	otobus-e ba'di če sāati ast?
	اتوبوس بعدی چه ساعتی است؟
¿Cuándo pasa el primer autobús?	otobus-e avval če sāati ast?
	اتوبوس اول چه ساعتی است؟
¿Cuándo pasa el último autobús?	otobus-e axar če sāati ast?
	اتوبوس آخر چه ساعتی است؟

la parada	istgāh
	ایستگاه
la siguiente parada	istgāh-e ba'di
	ایستگاه بعدی
la última parada	termināl
	ترمینال
Pare aquí, por favor.	lotfan injā tavaqqof konid
	لطفاً اینجا توقف کنید.
Perdone, esta es mi parada.	bebaxšid, istgāh-e man injāst
	ببخشید، ایستگاه من اینجاست.

Tren

el tren	qatār قطار
el tren de cercanías	qatār-e beyn-e šahri قطار بیرون شهری
el tren de larga distancia	qatār-e safari قطار سفری
la estación de tren	istgāh-e qatar ایستگاه قطار
Perdone, ¿dónde está la salida al anden?	bebaxšid, xoruji be samt-e sakuhā kojāst? ببخشید، خروجی به سمت سکوها کجاست؟

¿Este tren va a ...?	ayā in qatār be ... miravad? آیا این قطار به...می رود؟
el siguiente tren	qatār-e ba'di قطار بعدی
¿Cuándo pasa el siguiente tren?	qatār-e ba'di če sāati ast? قطار بعدی چه ساعتی است؟
¿Dónde puedo ver el horario?	jadval-e sāāt rā kojā mtavānam bebinam? جدول ساعات را کجا می توانم ببینم؟

¿De qué andén?	az kodām sakku? از کدام سکو؟
¿Cuándo llega el tren a ...?	če sāati qatār be ... miresad? چه ساعتی قطار به... می رسد؟

Ayudeme, por favor.	lotfan be man komak konid لطفاً به من کمک کنید.
Busco mi asiento.	donbāl-e jā-ye xod migardam دنبال جای خود می گردم.
Buscamos nuestros asientos.	donbāl-e jā-hāye xod migardim دنبال جاهای خود می گردیم.

Mi asiento está ocupado.	jā-ye man gerefte šode ast جای من گرفته شده است.
Nuestros asientos están ocupados.	jā-hāye mā gerefte šode and جاهای ما گرفته شده اند.
Perdone, pero ese es mi asiento.	bebaxšid, injā jā-ye man ast ببخشید، اینجا جای من است.

¿Está libre?

āyā in jā āzād ast?

آیا این جا آزاد است؟

¿Puedo sentarme aquí?

mitavānam injā benešinam?

می توانم اینجا بنشینم؟

En el tren. Diálogo (Sin billete)

Su billete, por favor.
bilit, lotfan
بلیط، لطفا.

No tengo billete.
bilit nadāram
بلیط ندارم.

He perdido mi billete.
bilitam rā gom kardeam
بلیطم را گم کرده ام.

He olvidado mi billete en casa.
bilitam rā dar xāne jā gozāšteam
بلیطم را در خانه جا گذاشته ام.

Le puedo vender un billete.
mitavanid bilit rā az man bexarid
می توانید بلیط را از من بخرید.

También deberá pagar una multa.
bāyad jarime-i rā ham bepardāzid
باید جریمه ای را هم بپردازید.

Vale.
bāšad
باشد.

¿A dónde va usted?
kojā miravid?
کجا می روید؟

Voy a ...
be ... miravam
به...می روم.

¿Cuánto es? No lo entiendo.
čeqadr? motevajeh našodam
چقدر؟ متوجه نشدم.

Escríbalo, por favor.
lotfan ānrā benevisid
لطفا آنرا بنویسید.

Vale. ¿Puedo pagar con tarjeta?
bale. mitavānam bā kārt bepardāzam?
بله. می توانم با کارت بپردازم؟

Sí, puede.
bale, hatman
بله، حتما.

Aquí está su recibo.
in resid-e šomāst
این رسید شماست.

Disculpe por la multa.
bābat-e jarime moteasefam
بابت جریمه متاسفم.

No pasa nada. Fue culpa mía.
moškeli nist. taqsir-e xod-e man ast
مشکلی نیست. تقصیر خود من است.

Disfrute su viaje.
safar bexeyr
سفر بخیر.

Taxi

taxi	tāksi تاكسى
taxista	rānande tāksi راننده تاكسى
coger un taxi	tāksi gereftan تاكسى گرفتن
parada de taxis	istgāh-e tāksi ايستگاه تاكسى
¿Dónde puedo coger un taxi?	kojā mitavānam tāksi begiram? كجا مى توانم تاكسى بگيرم؟
llamar a un taxi	tāksi sedā zadan تاكسى صدا زدن
Necesito un taxi.	tāksi lāzem dāram تاكسى لازم دارم.
Ahora mismo.	alān الان
¿Cuál es su dirección?	ādres-e šomā kojāst? آدرس شما كجاست؟
Mi dirección es ...	ādres-e man ... ast. آدرس من...است.
¿Cuál es el destino?	maqsad-e šoma? مقصد شما؟
Perdone, ...	bebaxšid, ... ببخشيد،...
¿Está libre?	āzād hastid? آزاد هستيد؟
¿Cuánto cuesta ir a ...?	hazine-ye raftan be ... čeqadr mišavad? هزينه رفتن به...چقدر مى شود؟
¿Sabe usted dónde está?	midānid kojāst? مى دانيد كجاست؟
Al aeropuerto, por favor.	forudgāh, lotfan فرودگاه، لطفاً.
Pare aquí, por favor.	lotfan injā tavaqqof konid لطفاً اينجا توقف كنيد.
No es aquí.	injā nist اينجا نيست.
La dirección no es correcta.	ādres eštebāh ast آدرس اشتباه است.
Gire a la izquierda.	dast-e čap bepičid دست چپ بپيچيد.
Gire a la derecha.	dast-e rast bepičid دست راست بپيچيد.

¿Cuánto le debo?

čeqadr be šomā bepardāzam?

چقدر به شما بپردازم؟

¿Me da un recibo, por favor?

lotfan yek resid be man bedahid

لطفاً یک رسیدبه من بدهید.

Quédese con el cambio.

bagiye-ye pul rā negah dārid

بقیه پول را نگه دارید.

Espéreme, por favor.

lotfan mitavānid montazer-e man bemānid?

لطفاً می توانید منتظر من بمانید؟

cinco minutos

panj daqiqe

پنج دقیقه

diez minutos

dah daqiqe

ده دقیقه

quince minutos

pānzdah daqiqe

پانزده دقیقه

veinte minutos

bist daqiqe

بیست دقیقه

media hora

nim sāat

نیم ساعت

Hotel

Hola.	salām سلام.
Me llamo …	esm-e man … ast اسم من...است.
Tengo una reserva.	yek otāq rezerv kardeam یک اتاق رزرو کرده ام.
Necesito …	be … niyāz dāram به...نیازدارم
una habitación individual	yek otāq-e yek nafare یک اتاق یک نفره
una habitación doble	yek otāq-e do nafare یک اتاق دو نفره
¿Cuánto cuesta?	qeymat-e ān čand ast? قیمت آن چند است؟
Es un poco caro.	kami gerān ast کمی گران است.
¿Tiene alguna más?	gozine-ye digari ham dārid? گزینه دیگری هم دارید؟
Me quedo.	ān rā rā migiram آن را می گیرم.
Pagaré en efectivo.	naaqdi pardāxt mikonam نقدی پرداخت می کنم.
Tengo un problema.	yek moškel dāram یک مشکل دارم.
Mi … no funciona.	…man šekaste ast ...من شکسته است.
Mi … está fuera de servicio.	…man kār nemikonad ...من کار نمی کند.
televisión	televiziyon تلویزیون
aire acondicionado	tahviye-ye matbu' تهویه مطبوع
grifo	šir-e āb شیر آب
ducha	duš دوش
lavabo	sink سینک
caja fuerte	gāv sandoq گاو صندوق

cerradura	qofl-e dar
	قفل در
enchufe	piriz-e barq
	پریز برق
secador de pelo	sešoār
	سشوار

No tengo …	… nadāram.
	...ندارم.
agua	āb
	آب
luz	nur
	نور
electricidad	barq
	برق

¿Me puede dar …?	mitavānid … be man bedahid?
	می توانید... به من بدهید؟
una toalla	yek hole
	یک حوله
una sábana	yek patu
	یک پتو
unas chanclas	dampāyi
	دمپایی
un albornoz	yek robdošāmbr
	یک روب دوشامبر
un champú	šāmpo
	شامپو
jabón	sabun
	صابون

Quisiera cambiar de habitación.	mixāham otāqam rā avaz konam
	می خواهم اتاقم را عوض کنم.
No puedo encontrar mi llave.	kelidam rā peydā nemikonam
	کلیدم را پیدا نمی کنم.
Por favor abra mi habitación.	mitavānid lotfan otāqam rā bāz konid?
	می توانید لطفأ اتاقم را باز کنید؟
¿Quién es?	kiye?
	کیه؟
¡Entre!	befarmāyid tu!
	بفرمایید تو!
¡Un momento!	yek lahze!
	یک لحظه!
Ahora no, por favor.	lotfan alān na
	لطفأ الان نه.

Venga a mi habitación, por favor.	mitavānid lotfan be otāq-e man biyāyid?
	می توانید لطفأ به اتاق من بیایید؟
Quisiera hacer un pedido.	mixāham qazāye dāxel-e otāq rā sefāres bedaham
	می خواهم غذای داخل اتاق راسفارش بدهم.

Mi número de habitación es ...

šomāre-ye otāq-e man ... ast

شماره اتاق من... است.

Me voy ...

man ... miravam

من...می روم

Nos vamos ...

mā ... miravim

ما...می رویم

Ahora mismo

alān

الان

esta tarde

emruz ba'd az zohr

امروز بعد از ظهر

esta noche

emšab

امشب

mañana

fardā

فردا

mañana por la mañana

fardā sobh

فردا صبح

mañana por la noche

fardā ba'd az zohr

فردا بعد از ظهر

pasado mañana

pas fardā

پس فردا

Quisiera pagar la cuenta.

mixāham hesāb-e xod ra bepardāzam

می خواهم حساب خود را بپردازم.

Todo ha estado estupendo.

hame čiz xeyli āli bud

همه چیز خیلی عالی بود.

¿Dónde puedo coger un taxi?

kojā mitavānam tāksi begiram?

کجا می توانم تاکسی بگیرم؟

¿Puede llamarme un taxi, por favor?

mitavānid lotfan yek tāksi barāyam sedā konid?

می توانید لطفاً یک تاکسی برایم صدا کنید؟

Restaurante

¿Puedo ver el menú, por favor?	mitavānam lotfan meno rā bebinam? می توانم لطفاً منو را ببینم؟
Mesa para uno.	yek miz-e yek nafare یک میز یک نفره.
Somos dos (tres, cuatro).	do (se, čāhār) nafar hastim دو (سه، چهار) نفر هستیم.

Para fumadores	sigāri سیگاری
Para no fumadores	qeyre sigāri غیر سیگاری
¡Por favor! (llamar al camarero)	bebaxšid! ببخشید!
la carta	meno منو
la carta de vinos	meno-ye mašrubāt منوی مشروبات
La carta, por favor.	meno lotfan منو، لطفاً.

¿Está listo para pedir?	mixāhid sefārešetān rā bedahid? می خواهید سفارشتان رابدهید؟
¿Qué quieren pedir?	če meyl mikonid? چه میل می کنید؟
Yo quiero ...	yek ... migiram یک...می گیرم

Soy vegetariano.	giyāhxār hastam گیاهخوار هستم.
carne	gušt گوشت
pescado	māhi ماهی
verduras	sabzijāt سبزیجات
¿Tiene platos para vegetarianos?	qāzāhā-ye giyāhi dārid? غذاهای گیاهی دارید؟
No como cerdo.	gušt-e xuk nemixoram گوشت خوک نمی خورم.
Él /Ella/ no come carne.	u gušt nemixorad او گوشت نمی خورد.
Soy alérgico a ...	be ... hassāsiyat dāram به...حساسیت دارم

¿Me puede traer ..., por favor?	mitavānid lotfa ... barāyam biyāvarid می توانیدلطفاً...برایم بیاورید.
sal | pimienta | azúcar	namak | felfel | šekar نمکـا فلفل اشکر
café | té | postre	qahve | čāy | deser قهوه آ چای آ دسر
agua | con gas | sin gas	āb | gāzdār | bigāz آب آ گازدار آ بی گاز
una cuchara | un tenedor | un cuchillo	yek qāšoq | yek čangāl | yek kārd یک قاشق آ یک چنگال آ یک کارد
un plato | una servilleta	yek bošqāb | yek dastmāl یک بشقاب آ یک دستمال

¡Buen provecho!	meyl befarmāyid! میل بفرمایید!
Uno más, por favor.	yeki digar lotfan یکی دیگر لطفاً.
Estaba delicioso.	besyār xošmaze bud بسیار خوشمزه بود.

la cuenta | el cambio | la propina	surat hesāb | pul-e xord | an'ām صورت حساب آ پول خرد آ انعام
La cuenta, por favor.	surat hesab, lotfan صورت حساب لطفاً.
¿Puedo pagar con tarjeta?	mitavānam bā kārt bepardāzam? می توانم با کارت بپردازم؟
Perdone, aquí hay un error.	bebaxšid, fekr mikonam injā eštebāhi sode ast ببخشید، فکرمی کنم اینجا اشتباهی شده است.

De Compras

¿Puedo ayudarle?	mitavānam komaketān konam? می توانم کمکتان کنم؟
¿Tiene ...?	āyā ... dārid? آیا...دارید؟
Busco ...	donbāl-e ... migardam دنبال...می گردم
Necesito ...	be ... ehtiyāj dāram به...أحتیاج دارم
Sólo estoy mirando.	faqat negāh mikonam mamnun فقط نگاه می کنم، ممنون.
Sólo estamos mirando.	faqat negāh mikonim, mamnun فقط نگاه می کنیم، ممنون.
Volveré más tarde.	yek bār-e digar xāham āmad یک بار دیگر خواهم آمد.
Volveremos más tarde.	yek bār-e digar xāhim āmad یک بار دیگر خواهیم آمد.
descuentos | oferta	taxfif | harāj تخفیف | حراج
Por favor, enséñeme ...	mitavānid lotfan ... rā be man nešān bedahid می توانید لطفاً ... را به من نشان بدهید؟
¿Me puede dar ..., por favor?	lotfan ... rā be man bedahid لطفاً...را به من بدهید
¿Puedo probarmelo?	mitavānam in rā emtehān konam? می توانم این را امتحان کنم؟
Perdone, ¿dónde están los probadores?	bebaxšid, kabin-e porov kojāst? ببخشید، کابین پرو کجاست؟
¿Qué color le gustaría?	če rangi rā dust dā rid? چه رنگی را دوست دارید؟
la talla | el largo	sā yz | bolandi سایز | بلندی
¿Cómo le queda? (¿Está bien?)	āyā sāyz-e šomā mibāšad? آیا سایز شما می باشد؟
¿Cuánto cuesta esto?	qeymat-e ān čand ast? قیمت آن چند است؟
Es muy caro.	xeyli gerān ast خیلی گران است.
Me lo llevo.	ān rā rā migiram آن را می گیرم.

Perdone, ¿dónde está la caja?	bebaxšid, sandoq kojāst?
	ببخشید، صندوق کجاست؟
¿Pagará en efectivo o con tarjeta?	be surat-e naqdi ya bā kārt-e e'tebāri pardāxt mikonid?
	به صورت نقدی یا با کارت اعتباری پرداخت می کنید؟
en efectivo | con tarjeta	naqdi | bā kārt-e e'tebāri
	نقدی ا با کارت اعتباری
¿Quiere el recibo?	resid mixāhid?
	رسید می خواهید؟
Sí, por favor.	bale, lotfan
	بله، لطفاً.
No, gracias.	xeyr, niyāzi nist
	خیر، نیازی نیست.
Gracias. ¡Que tenga un buen día!	mamnum ruzetān xoš!
	ممنون، روزتان خوش!

En la ciudad

Perdone, por favor.	bebaxšid, ... ببخشید،...
Busco ...	donbāl-e ... migardam دنبال...می گردم
el metro	metro مترو
mi hotel	hotel-e man هتل من
el cine	cinamā سینما
una parada de taxis	istgāh-e tāksi ایستگاه تاکسی

un cajero automático	xodpardāz خودپرداز
una oficina de cambio	daftar-e sarāfi دفتر صرافی
un cibercafé	kāfinet کافی نت
la calle ...	xiyābān-e ... خیابان...
este lugar	in makān این مکان

¿Sabe usted dónde está ...?	āyā midānid ... kojāst آیامی دانید...کجاست؟
¿Cómo se llama esta calle?	in če xiyābāni ast? این چه خیابانی است؟
Muestreme dónde estamos ahora.	lotfan be man nešān bedahid alān kojā hastim لطفاً به من نشان بدهید الان کجا هستیم.

¿Puedo llegar a pie?	mitavānam piyāde beravam? می توانم پیاده بروم؟
¿Tiene un mapa de la ciudad?	naqše-ye šahr rā dārid? نقشه شهر را دارید؟

¿Cuánto cuesta la entrada?	qeymat-e yek bilit čand ast? قیمت یک بلیط چند است؟
¿Se pueden hacer fotos aquí?	āyā mitavānam aks begiram? آیا می توانم عکس بگیرم؟
¿Está abierto?	bāz hastid? باز هستید؟

¿A qué hora abren?

če sāati bāz mikonid?

چه ساعتی باز می کنید؟

¿A qué hora cierran?

če sāati mibandid?

چه ساعتی می بندید؟

Dinero

dinero	pul پول
efectivo	pul-e naqd پول نقد
billetes	eskenās اسکناس
monedas	pul-e xord پول خرد
la cuenta | el cambio | la propina	surat hesāb | pul-e xord | an'ām صورت حساب ا پول خرد ا انعام
la tarjeta de crédito	kārt-e e'tebāri کارت اعتباری
la cartera	kif-e pul کیف پول
comprar	xaridan خریدن
pagar	pardāxt kardan پرداخت کردن
la multa	jarime جریمه
gratis	rāygān رایگان
¿Dónde puedo comprar ...?	kojā mitavānam ... bexaram? کجا می توانم...بخرم؟
¿Está el banco abierto ahora?	āyā alān bānk bāz ast? آیا الان بانک باز است؟
¿A qué hora abre?	če sāati bāz mikonad? چه ساعتی بازمی کند؟
¿A qué hora cierra?	če sāati mibandad? چه ساعتی می بندد؟
¿Cuánto cuesta?	čand ast? چنداست؟
¿Cuánto cuesta esto?	qeymat-e ān čand ast? قیمت آن چند است؟
Es muy caro.	xeyli gerān ast خیلی گران است.
Perdone, ¿dónde está la caja?	bebaxšid, sandoq kojāst? ببخشید،صندوق کجاست؟
La cuenta, por favor.	surat hesāb, lotfan صورت حساب، لطفأ.

¿Puedo pagar con tarjeta?	mitavānam bā kārt bepardāzam?
	می توانم با کارت بپردازم؟
¿Hay un cajero por aquí?	āyā injā xodpardāz hast?
	آیا اینجا خودپرداز هست؟
Busco un cajero automático.	donbāl-e yek xodpardāz migardam
	دنبال یک خودپرداز می گردم.
Busco una oficina de cambio.	donbāl-e sarrāfi migardam
	دنبال صرافی می گردم.
Quisiera cambiar …	mixāham … avaz konam
	می خواهم...عوض کنم.
¿Cuál es el tipo de cambio?	nerx-e arz čeqadr ast?
	نرخ ارز چقدر است؟
¿Necesita mi pasaporte?	āyā gozarnāme-ye man rā lāzem dārid?
	آیا گذرنامه من را لازم دارید؟

Tiempo

¿Qué hora es?	sāat čand ast? ساعت چند است؟
¿Cuándo?	key? کی؟
¿A qué hora?	če sāati? چه ساعتی؟
ahora | luego | después de …	alān | dirtar | ba'd الان | دیرتر | بعد

la una	sāat-e yek ساعت یک
la una y cuarto	sāat-e yek-o-rob ساعت یک و ربع
la una y medio	sāat-e yek-o-nim ساعت یک و نیم
las dos menos cuarto	yek rob be do یک ربع به دو

una | dos | tres	yek | do | se یک | دو | سه
cuatro | cinco | seis	čāhār | panj | šeš چهار | پنج | شش
siete | ocho | nueve	haft | hašt | noh هفت | هشت | نه
diez | once | doce	dah | yāzdah | davāzdah ده | یازده | دوازده

en …	tā … digar تا...دیگر
cinco minutos	panj daqiqe پنج دقیقه
diez minutos	dah daqiqe ده دقیقه
quince minutos	pānzdah daqiqe پانزده دقیقه
veinte minutos	bist daqiqe بیست دقیقه

media hora	nim sāat نیم ساعت
una hora	yek sāat یک ساعت
por la mañana	sobh صبح

por la mañana temprano	sobh-e zud
	صبح زود
esta mañana	emruz sobh
	امروزصبح
mañana por la mañana	fardā sobh
	فردا صبح

al mediodía	zohr
	ظهر
por la tarde	ba'd az zohr
	بعد ازظهر
por la noche	šab
	شب
esta noche	emšab
	امشب

por la noche	šab
	شب
ayer	diruz
	دیروز
hoy	emruz
	امروز
mañana	fardā
	فردا
pasado mañana	pas fardā
	پس فردا

¿Qué día es hoy?	emruz če ruzi ast?
	امروزچه روزی است؟
Es …	emruz … ast
	امروز...است
lunes	došanbe
	دوشنبه
martes	sešanbe
	سه شنبه
miércoles	čāhāršanbe
	چهارشنبه

jueves	panjšanbe
	پنجشنبه
viernes	jom'e
	جمعه
sábado	šanbe
	شنبه
domingo	yekšanbe
	یکشنبه

Saludos. Presentaciones.

Hola.	salām سلام.
Encantado /Encantada/ de conocerle.	xošbaxtam خوشبختم.
Yo también.	man ham hamintor من هم همینطور.
Le presento a …	… rā be šomā moʻarefi mikonam ...را به شما معرفی می کنم
Encantado.	az didāretan xošbaxtam از دیدارتان خوشبختم.

¿Cómo está?	hāletān četor ast? حالتان چطور است؟
Me llamo …	esm-e man … ast اسم من...است.
Se llama …	esm-e u … ast اسم او...است.
Se llama …	esm-e u … ast اسم او...است.
¿Cómo se llama (usted)?	esm-e šomā čist? اسم شما چیست؟
¿Cómo se llama (él)?	esm-e u čist? اسم او چیست؟
¿Cómo se llama (ella)?	esm-e u čist? اسم او چیست؟

¿Cuál es su apellido?	nām xānevādegi-ye šomā čist? نام خانوادگی شما چیست؟
Puede llamarme …	mitavānid man rā … sedā konid می توانید من را...صدا کنید
¿De dónde es usted?	ahl-e kojāhastid? اهل کجا هستید؟
Yo soy de ….	ahl-e … hastam اهل...هستم.
¿A qué se dedica?	šoql-e šomā čist? شغل شما چیست؟
¿Quién es?	kiye? کیه؟
¿Quién es él?	u kist? اوکیست؟
¿Quién es ella?	u kist? اوکیست؟
¿Quiénes son?	ānhā ki hatand? آنها کی هستند؟

Este es ...	u ... ast
	او...است
mi amigo	dust-e man
	دوست من
mi amiga	dust-e man
	دوست من
mi marido	šohar-e mn
	شوهر من
mi mujer	zan-e man
	زن من
mi padre	pedar-e man
	پدر من
mi madre	mādar-e man
	مادر من
mi hermano	barādar-e man
	برادر من
mi hermana	xāhar-e man
	خواهر من
mi hijo	pesar-e man
	پسر من
mi hija	doxtar-e man
	دختر من
Este es nuestro hijo.	pesar-e māst
	پسر ماست.
Esta es nuestra hija.	doxtar-e māst
	دخترماست.
Estos son mis hijos.	farzandān-e man hastand
	فرزندان من هستند.
Estos son nuestros hijos.	farzandān-e mā hastand
	فرزندان ما هستند.

Despedidas

¡Adiós!	xodāhāfez! خداحافظ!
¡Chau!	bāy bāy! بای بای!
Hasta mañana.	tā fardā تا فردا.
Hasta pronto.	tā be zudi تا به زودی.
Te veo a las siete.	tā sāat-e haft تا ساعت هفت.
¡Que se diviertan!	xoš begzarad! خوش بگذرد!
Hablamos más tarde.	hamdigar rā ba'dan mibinim همدیگررا بعدا می بینیم.
Que tengas un buen fin de semana.	āxar-e hafte xoš آخر هفته خوش.
Buenas noches.	šab xoš شب خوش.
Es hora de irme.	vaqt-e raftan-e man ast وقت رفتن من است.
Tengo que irme.	bāyad beravam باید بروم.
Ahora vuelvo.	zud barmigardam زود بر می گردم.
Es tarde.	dir ast دیراست.
Tengo que levantarme temprano.	bāyad zud az xāb bidār šavam باید زود از خواب بیدار شوم.
Me voy mañana.	fardā be safar miravam فردا به سفر می روم.
Nos vamos mañana.	fardā be safar miravim فردا به سفر می رویم.
¡Que tenga un buen viaje!	safar be xeyr! سفر به خیر!
Ha sido un placer.	az āšnāyi bā šomā xošbaxtam ازآشنایی با شما خوشبختم.
Fue un placer hablar con usted.	az sohbat bā šomā xošhāl šodam ازصحبت با شما خوشحال شدم.
Gracias por todo.	barāye hame čiz mamnun برای همه چیز ممنونم.

Lo he pasado muy bien.	oqāt-e xubi rā gozarāndam
	اوقات خوبی را گذراندم.
Lo pasamos muy bien.	oqāt-e xubi rā gozarāndim
	اوقات خوبی را گذراندیم.
Fue genial.	xeyli xoš gozašt
	خیلی خوش گذشت.
Le voy a echar de menos.	delam barāyetān tang mišavad
	دلم برایتان تنگ می شود.
Le vamos a echar de menos.	delamān barāyetān tang mišavad
	دلمان برایتان تنگ می شود.

¡Suerte!	movaffaq bāšid!
	موفق باشید!
Saludos a ...	salām-e an rā be ... beresānid
	سلام من را به...برسانید.

Idioma extranjero

No entiendo.	motevajjeh nemišavam
	متوجه نمی شوم.
Escríbalo, por favor.	lotfan ānrā benevisid
	لطفاً آنرا بنویسید.
¿Habla usted ...?	āyā ... sohbat mikonid
	آیا...صحبت می کنید؟

Hablo un poco de ...	kami ... sohbat mikonam
	کمی...صحبت می کنم
inglés	ingilisi
	انگلیسی
turco	torki
	ترکی
árabe	arabi
	عربی
francés	farānsavi
	فرانسوی

alemán	ālmāni
	آلمانی
italiano	itāliyāyi
	ایتالیایی
español	espāniyāyi
	اسپانیایی
portugués	porteqāli
	پرتغالی
chino	čini
	چینی
japonés	žāponi
	ژاپنی

¿Puede repetirlo, por favor?	lotfan mitavānid tekrār konid
	لطفاً می توانید تکرار کنید.
Lo entiendo.	motevajjeh mišavam
	متوجه می شوم.
No entiendo.	motevajjeh nemišavam
	متوجه نمی شوم.
Hable más despacio, por favor.	lotfan aheste tar sohbat konid
	لطفاً آهسته تر صحبت کنید.

¿Está bien?	āyā dorost miguyam?
	آیا درست می گویم؟
¿Qué es esto? (¿Que significa esto?)	ya'ni če?
	یعنی چه؟

Disculpas

Perdone, por favor.
bebaxsid, lotfan
ببخشید، لطفاً.

Lo siento.
moteasefam
متاسفم.

Lo siento mucho.
vage'an moteasefam
واقعا متاسفم.

Perdón, fue culpa mía.
moteasefam, taqsir-e man ast
متاسفم، تقصیرمن است.

Culpa mía.
man eštebāh kardam
من اشتباه کردم.

¿Puedo ...?
mitavānam ...?
می توانم...؟

¿Le molesta si ...?
barāye šomā eškāli nadārad agar man ...?
برای شما اشکالی ندارد اگرمن...؟

¡No hay problema! (No pasa nada.)
mohem nist
مهم نیست.

Todo está bien.
moškeli nist
مشکلی نیست.

No se preocupe.
mas'alei nist
مسئله ای نیست.

Acuerdos

Sí.	bale بله
Sí, claro.	bale, albate بله، البته.
Bien.	xub. خوب.
Muy bien.	xeyli xub خیلی خوب.
¡Claro que sí!	albate! البته!
Estoy de acuerdo.	movāfeq hastam موافق هستم.
Es verdad.	dorost ast درست أست.
Es correcto.	dorost ast درست أست.
Tiene razón.	rāst miguyid راست می گوید.
No me molesta.	moxālef nistam مخالف نیستم.
Es completamente cierto.	kāmelan dorost ast کاملا درست است.
Es posible.	momken ast ممکن است.
Es una buena idea.	fekr-e xubi ast فکر خوبی است.
No puedo decir que no.	nemitavānam na beguyam نمی توانم نه بگویم.
Estaré encantado /encantada/.	xošhāl xāham šod خوشحال خواهم شد.
Será un placer.	bā kamāl-e meyl با کمال میل.

Rechazo. Expresar duda

No.
xeyr
خير

Claro que no.
aslan
اصلا.

No estoy de acuerdo.
movāfeq nistam
موافق نيستم.

No lo creo.
fekr nemikonam
فكر نمى كنم.

No es verdad.
dorost nist
درست نيست.

No tiene razón.
eštebāh mikonid
اشتباه مى كنيد.

Creo que no tiene razón.
fekr mikonam ke eštebāh mikonid
فكر مى كنم كه اشتباه مى كنيد.

No estoy seguro /segura/.
motma'en nistam
مطمئن نيستم

No es posible.
qeyre momken ast
غير ممكن است.

¡Nada de eso!
be hič onvān!
به هيچ عنوان!

Justo lo contrario.
bar aks!
برعكس!

Estoy en contra de ello.
moxālefam
مخالفم.

No me importa. (Me da igual.)
barāyam farqi nemikonad
برايم فرقى نمى كند.

No tengo ni idea.
hič nazari nadāram
هيچ نظرى ندارم.

Dudo que sea así.
šak dāram
شك دارم.

Lo siento, no puedo.
moteasefam, nemitavānam
متاسفم، نمى توانم.

Lo siento, no quiero.
moteasefam, nemixāham
متاسفم، نمى خواهم.

Gracias, pero no lo necesito.
mamnun vali barāyam jāleb nist
ممنون ولى برايم جالب نيست.

Ya es tarde.
dir šode ast
دير شده است.

Tengo que levantarme temprano.

bāyad zud az xāb bidār šavam

باید زود از خواب بیدار شوم.

Me encuentro mal.

hālam xub nist

حالم خوب نیست.

Expresar gratitud

Gracias.	mamnun
	ممنون.
Muchas gracias.	xeyli mamnun
	خیلی ممنون.
De verdad lo aprecio.	besyār sepāsgozāram
	بسیار سپاسگزارم.
Se lo agradezco.	vaqean az šomā motešakkeram
	واقعا از شما متشکرم.
Se lo agradecemos.	vaqean az šomā motešakkerim
	واقعا از شما متشکریم.
Gracias por su tiempo.	mamnun ke vaqt gozāštid
	ممنون که وقت گذاشتید.
Gracias por todo.	barāye hame čiz mamnun
	برای همه چیز ممنونم.
Gracias por ...	mamnun barāye ...
	ممنون برای...
su ayuda	komak-e šomā
	کمک شما
tan agradable momento	lahezāt-e xubi ke gozarāndim
	لحظات خوبی که گذراندیم
una comida estupenda	qazā-ye laziz
	غذای لذیذ
una velada tan agradable	in šab-e āli
	این شب عالی
un día maravilloso	in ruz-e foqol'āde
	این روز فوق العاده
un viaje increíble	in safar-e xareqol'āde
	این سفر خارق العاده
No hay de qué.	xāheš mikonam
	خواهش می کنم.
De nada.	xāheš mikonam
	خواهش می کنم.
Siempre a su disposición.	bā kamāl-e meyl
	با کمال میل.
Encantado /Encantada/ de ayudarle.	bāes-e xošhāli bud
	باعث خوشحالی بود.
No hay de qué.	qābeli nadāšt
	قابلی نداشت.
No tiene importancia.	mas'alei nist
	مسئله ای نیست.

Felicitaciones , Mejores Deseos

¡Felicidades! — mobārak bāšad!
مبارک باشد!

¡Feliz Cumpleaños! — tavalodet mobārak!
تولدت مبارک!

¡Feliz Navidad! — krismas mobārak!
کریسمس مبارک!

¡Feliz Año Nuevo! — sāl-e no mobārak!
سال نو مبارک!

¡Felices Pascuas! — eyd-e pāk mobārak!
عید پاک مبارک!

¡Feliz Hanukkah! — hānokā mobārak!
هانوکا مبارک!

Quiero brindar. — be salāmati benušim
به سلامتی بنوشیم.

¡Salud! — be salāmati!
به سلامتی!

¡Brindemos por ...! — be salāmati-ye...benušim!
به سلامتی...بنوشیم!

¡A nuestro éxito! — be salāmati-ye movaffaqiyat-e mā!
به سلامتی موفقیت ما!

¡A su éxito! — be salāmati-ye movaffaqiyat-e šomā!
به سلامتی موفقیت شما!

¡Suerte! — movaffaq bāšid!
موفق باشید!

¡Que tenga un buen día! — ruz xoš!
روز خوش!

¡Que tenga unas buenas vacaciones! — tatilāt xoš!
تعطیلات خوش !

¡Que tenga un buen viaje! — safar be xeyr!
سفر به خیر!

¡Espero que se recupere pronto! — be ārezuye salāmati-ye zudtar-e šomā.
به آرزوی سلامتی زودتر شما.

Socializarse

¿Por qué está triste?	čerā nārāhat hastid? چرا ناراحت هستید؟
¡Sonría! ¡Anímese!	labxand bezanid! لبخند بزنید!
¿Está libre esta noche?	emšab āzād hastid? امشب آزاد هستید؟

¿Puedo ofrecerle algo de beber?	mitavānam be yek nušidani da'vatetān konam? می توانم به یک نوشیدنی دعوتتان کنم؟

¿Querría bailar conmigo?	āyā mixāhid beraqsid? آیا می خواهید برقصید؟
Vamos a ir al cine.	āyā dust dārid be cinamā beravim? آیا دوست داریدبه سینما برویم؟

¿Puedo invitarle a ...?	mitavānam šomā rā ... da'vat konam می توانم شما را ...دعوت کنم
un restaurante	be resturān به رستوران
el cine	be cinamā به سینما
el teatro	be teātr به تئاتر
dar una vuelta	be gardeš به گردش

¿A qué hora?	če sāati? چه ساعتی؟
esta noche	emšab امشب
a las seis	sāat-e šeš ساعت شش
a las siete	sāat-e haft ساعت هفت
a las ocho	sāat-e hašt ساعت هشت
a las nueve	sāat-e noh ساعت نه

¿Le gusta este lugar?	āyā in mahal rā dust dārid? آیا این محل را دوست دارید؟
¿Está aquí con alguien?	āyā bā kasi be injā āmadeid? آیا با کسی اینجا آمده اید؟

Estoy con mi amigo /amiga/.	bā dustam hastam
	با دوستم هستم.
Estoy con amigos.	bā dustānam hastam
	با دوستانم هستم.
No, estoy solo /sola/.	na,tanhā hastam
	نه، تنها هستم.

¿Tienes novio?	dust pesar dāri?
	دوست پسرداری؟
Tengo novio.	dust pesar dāram
	دوست پسردارم.
¿Tienes novia?	dust doxtar dāri?
	دوست دختر داری؟
Tengo novia.	dust doxtar dāram
	دوست دختر دارم.

¿Te puedo volver a ver?	mitavānam dobāre bebinametān?
	می توانم دوباره ببینمتان؟
¿Te puedo llamar?	mitavānam behetān telefon bezanam?
	می توانم بهتان تلفن بزنم؟
Llámame.	behem telefn bezan
	بهم تلفن بزن.
¿Cuál es tu número?	šomāre-ye telefonet čist?
	شماره تلفنت چیست؟
Te echo de menos.	delam barāyat tang šode ast
	دلم برایت تنگ شده است.

¡Qué nombre tan bonito!	esm-e gašangi dārid
	اسم قشنگی دارید.
Te quiero.	dustat dāram
	دوستت دارم.
¿Te casarías conmigo?	mixāhi bā man ezdevāj koni?
	می خواهی با من ازدواج کنی؟
¡Está de broma!	šuxi mikonid!
	شوخی می کنید!
Sólo estoy bromeando.	šuxi mikonam
	شوخی می کنم.

¿En serio?	jeddi miguyid?
	جدی می گویید؟
Lo digo en serio.	jeddi miguyam
	جدی می گویم.
¿De verdad?	vāqean?!
	واقعا!؟
¡Es increíble!	bāvar nakadani ast
	باورنکردنی است
No le creo.	harfetān rā bāvar nemikonam
	حرفتان را باور نمی کنم.
No puedo.	nemitavānam
	نمی توانم.
No lo sé.	nemidānam
	نمی دانم.

No le entiendo.

harfetān rā nemifahmam

حرفتان را نمی فهمم.

Váyase, por favor.

lotfan beravid!

لطفاً بروید!

¡Déjeme en paz!

lotfan marā rāhat begozārid!

مرا راحت بگذارید!

Es inaguantable.

nemitavānam u rā tahamol konam

نمی توانم او را تحمل کنم.

¡Es un asqueroso!

šomā monzajer konande hastid!

شما منزجر کننده هستید!

¡Llamaré a la policía!

polis rā sedā mizanam!

پلیس را صدا می زنم!

Compartir impresiones. Emociones

Me gusta.	in rā dust dāram
	این را دوست دارم.
Muy lindo.	xeyli xub ast
	خیلی خوب است.
¡Es genial!	āli ast!
	عالی است!
No está mal.	bad nist
	بد نیست.

No me gusta.	in rā dust nadāram
	این را دوست ندارم.
No está bien.	xub nist
	خوب نیست.
Está mal.	bad ast
	بد است.
Está muy mal.	aslan xub nist
	اصلا خوب نیست.
¡Qué asco!	mozajer knande ast
	منزجر کننده است.

Estoy feliz.	xošhāl hastam
	خوشحال هستم.
Estoy contento /contenta/.	xošbaxt hastam
	خوشبخت هستم.
Estoy enamorado /enamorada/.	āšeq hastam
	عاشق هستم.
Estoy tranquilo.	ārām hastam
	آرام هستم.
Estoy aburrido.	kesel hastam
	کسل هستم.

Estoy cansado /cansada/.	xaste-am
	خسته ام.
Estoy triste.	nārāhat hastam
	ناراحت هستم.
Estoy asustado.	mitarsam
	می ترسم.
Estoy enfadado /enfadada/.	asabāni hastam
	عصبانی هستم.

Estoy preocupado /preocupada/.	negarān hastam
	نگران هستم.
Estoy nervioso /nerviosa/.	asabi hastam
	عصبی هستم.

Estoy celoso /celosa/.

hasud hastam

حسود هستم.

Estoy sorprendido /sorprendida/.

mote'ajeb hastam

متعجب هستم.

Estoy perplejo /perpleja/.

bohtzade hastam

بهت زده هستم.

Problemas, Accidentes

Tengo un problema.	yek moškel dāram یک مشکل دارم.
Tenemos un problema.	yek moškel dārim یک مشکل داریم.
Estoy perdido /perdida/.	gom šodeam گم شده ام.
Perdi el último autobús (tren).	āxarin otobus (qatār) rā az dast dādeam آخرین اتوبوس (قطار) را از دست دادم.
No me queda más dinero.	digar pul nadāram دیگر پول ندارم.

He perdido …	…-am rā gom kardeam ...ام را گم کرده ام.
Me han robado …	…-am rā dozdidand ...ام را دزدیدند.
mi pasaporte	gozarnāme گذرنامه
mi cartera	kif-e pul کیف پول
mis papeles	madārek مدارک
mi billete	bilit بلیط

mi dinero	pul پول
mi bolso	kif-e dasti کیف دستی
mi cámara	durbin-e akkāsi دوربین عکاسی
mi portátil	laptāp لپ تاپ
mi tableta	tablet تبلت
mi teléfono	mobāyl موبایل

¡Ayúdeme!	komak! کمک!
¿Qué pasó?	če ettefāqi oftāde ast? چه اتفاقی افتاده است؟
el incendio	ātaš suzi آتش سوزی

un tiroteo	tirandāzi
	تیراندازی
el asesinato	qatl
	قتل
una explosión	enfejār
	انفجار
una pelea	daʿvā
	دعوا

¡Llame a la policía!	polis rā xabar konid!
	پلیس را خبر کنید!
¡Más rápido, por favor!	lotfan ajale konid!
	لطفاً عجله کنید!
Busco la comisaría.	donbāl-e edāre-ye polis migardam
	دنبال اداره پلیس می گردم.
Tengo que hacer una llamada.	niyāz dāram telefon bezanam
	نیازدارم تلفن بزنم.
¿Puedo usar su teléfono?	mitavānam az telefon-e šomā estefāde konam?
	می توانم از تلفن شما استفاده کنم؟

Me han …	man mored-e … qarār gereftam
	من مورد...قرار گرفتم
asaltado /asaltada/	man mored-e hamle qarār gereftam
	من مورد حمله قرار گرفتم
robado /robada/	man mored-e dozdi qarār gereftam
	من مورد دزدی قرار گرفتم
violada	man mored-e tajāvoz qarār gereftam
	من مورد تجاوز قرار گرفتم
atacado /atacada/	man kotak xordam
	من کتک خوردم

¿Se encuentra bien?	xub hastid?
	خوب هستید؟
¿Ha visto quien a sido?	didid ki bud?
	دیدید کی بود؟
¿Sería capaz de reconocer a la persona?	āyā mitavānid in šaxs ra šenāsāyi konid?
	آیامی توانید این شخص را شناسایی کنید؟
¿Está usted seguro?	motmaʿen hastid?
	مطمئن هستید؟

Por favor, cálmese.	lotfan ārām bašid
	لطفاً آرام باشید.
¡Cálmese!	ārām bāšid!
	آرام باشید!
¡No se preocupe!	masʾalei nist
	مسئله ای نیست.
Todo irá bien.	hame čiz be xubi xāhad gozašt
	همه چیز به خوبی خواهد گذشت.
Todo está bien.	hame čiz xub ast
	همه چیز خوب است.

Venga aquí, por favor.

lotfan biyāyid injā

لطفاً بیایید اینجا.

Tengo unas preguntas para usted.

az šomā cand soāl dāram

از شما چند سوال دارم.

Espere un momento, por favor.

lotfan yek lahze montazer bemānid

لطفاً یک لحظه منتظر بمانید.

¿Tiene un documento de identidad?

kārt-e šenāsāyi dārid?

کارت شناسایی دارید؟

Gracias. Puede irse ahora.

mamnun, mitavānid beravid

ممنون. می توانید بروید.

¡Manos detrás de la cabeza!

dast-hā rā pošt-e sar begozārid!

دست ها را پشت سر بگذارید!

¡Está arrestado!

šomā bāzdāšt hastid!

شما بازداشت هستید!

Problemas de salud

Ayudeme, por favor.	lotfan be man komak konid لطفاً به من کمک کنید.
No me encuentro bien.	hālam xub nist حالم خوب نیست.
Mi marido no se encuentra bien.	hāl-e šoharam xub nist حال شوهرم خوب نیست.
Mi hijo …	pesaram پسرم...
Mi padre …	pedaram پدرم...
Mi mujer no se encuentra bien.	hāl-e zanam xub nist حال زنم خوب نیست.
Mi hija …	doxtaram دخترم...
Mi madre …	mādaram مادرم...
Me duele …	… dard dāram ...درد دارم
la cabeza	sar سر
la garganta	galu گلو
el estómago	me'de معده
un diente	dandān دندان
Estoy mareado.	sargije dāram سرگیجه دارم.
Él tiene fiebre.	tab dāram تب دارم.
Ella tiene fiebre.	u tab dārad او تب دارد.
No puedo respirar.	nemitavānam nafas bekesam نمی توانم نفس بکشم.
Me ahogo.	nafaskešidan barāyam saxt ast نفس کشیدن برایم سخت است.
Tengo asma.	āsm dāram آسم دارم.
Tengo diabetes.	diyābet dāram دیابت دارم.

No puedo dormir.

nemitavānam bexābam

نمی توانم بخوابم.

intoxicación alimentaria

masmumiyat-e qazāyi

مسمومیت غذایی

Me duele aquí.

injāyam dard mikonad

اینجایم درد میکند.

¡Ayúdeme!

komak!

کمک!

¡Estoy aquí!

injā hastam!

اینجا هستم!

¡Estamos aquí!

injā hastim!

اینجا هستیم!

¡Saquenme de aquí!

man rā az inja xārej konid!

من را از اینجا خارج کنید!

Necesito un médico.

ehtiyāj be doktor daram

احتیاج به دکتر دارم.

No me puedo mover.

nimitavānam tekān boxoram

نمی توانم تکان بخورم.

No puedo mover mis piernas.

nemitavānam pāhāyam ra tekān bedaham

نمی توانم پاهایم را تکان بدهم.

Tengo una herida.

zaxmi šodeam

زخمی شده ام.

¿Es grave?

jeddi ast?

جدی است؟

Mis documentos están en mi bolsillo.

madārekam dar jibam hastand

مدارکم در جیبم هستند.

¡Cálmese!

ārām bāšid!

آرام باشید!

¿Puedo usar su teléfono?

mitavānam az telefon-e šomā estefāde konam?

می توانم از تلفن شما استفاده کنم؟

¡Llame a una ambulancia!

āmbulāns xabar konid!

آمبولانس خبر کنید!

¡Es urgente!

fori ast!

فوری است!

¡Es una emergencia!

uržansi ast!

اورژانسی است!

¡Más rápido, por favor!

lotfan ajale konid!

لطفاً عجله کنید!

¿Puede llamar a un médico, por favor?

lotfan doktor xabar konid

لطفاً دکتر خبر کنید.

¿Dónde está el hospital?

bimārestān kojast

بیمارستان کجاست؟

¿Cómo se siente?

hāletān četor ast?

حالتان چطور است؟

¿Se encuentra bien?

hame čiz xub ast?

همه چیز خوب است؟

¿Qué pasó?

če ettefāqi oftāde ast?

چه اتفاقی افتاده است؟

Me encuentro mejor.

alān hālam behtar ast

الان حالم بهتر است.

Está bien.

hame čiz xub ast

همه چیز خوب است.

Todo está bien.

xub hastam

خوب هستم.

En la farmacia

la farmacia	dāruxāne داروخانه
la farmacia 24 horas	dāruxāne-ye šabāne ruzi داروخانه شبانه روزی
¿Dónde está la farmacia más cercana?	nazdiktarin dāruxāne kojāst? نزدیک ترین داروخانه کجاست؟

¿Está abierta ahora?	alān bāz ast? الان باز است؟
¿A qué hora abre?	če sāati bāz mikonad? چه ساعتی باز می کند؟
¿A qué hora cierra?	če sāati mibandad? چه ساعتی می بندد؟

¿Está lejos?	dur ast? دور است؟
¿Puedo llegar a pie?	mitavānam piyāde beravam? می توانم پیاده بروم؟
¿Puede mostrarme en el mapa?	mitavānid ruye naqše nešānam bedahid? می توانید روی نقشه نشانم بدهید؟

| Por favor, deme algo para … | mitavānid daruyi barāye … be man bedahid می توانید دارویی برای...به من بدهید |

un dolor de cabeza	sar dard سر درد
la tos	sorfe سرفه
el resfriado	sarmā xordegi سرماخوردگی
la gripe	grip گریپ

la fiebre	tab تب
un dolor de estomago	me'de dard معده درد
nauseas	tahavvo' تهوع
la diarrea	eshāl اسهال
el estreñimiento	yobusat یبوست

un dolor de espalda	pošt dard پشت درد
un dolor de pecho	sine dard سینه درد
el flato	pahlu dard پهلو درد
un dolor abdominal	šekam dard شکم درد

la píldora	qors قرص
la crema	pomād, kerem پماد کرم
el jarabe	šarbat شربت
el spray	esperey اسپری
las gotas	qatre قطره

Tiene que ir al hospital.	bāyad be bimarestān beravid بایدبه بیمارستان بروید.
el seguro de salud	bime-ye darmān بیمه درمان
la receta	nosxe نسخه
el repelente de insectos	made-ye daf'e hašarāt ماده دفع حشرات
la curita	bāndaž-e časbdār بانداژ چسبدار

Lo más imprescindible

Perdone, ...	bebaxšid, ... ببخشید،...
Hola.	salām سلام.
Gracias.	mamnun ممنون

Sí.	bale بله
No.	xeyr خیر
No lo sé.	nemidānam نمی دانم.
¿Dónde? | ¿A dónde? | ¿Cuándo?	kojā? | kojā? | key? کجا؟ | کجا؟ | کی؟

Necesito ...	be ... ehtiyāj dāram به...احتیاج دارم
Quiero ...	mixāham ... می خواهم...
¿Tiene ...?	āyā ... dārid? آیا...دارید؟
¿Hay ... por aquí?	āyā injā ... hast? آیا اینجا ...هست؟
¿Puedo ...?	mitavānam ...? می توانم...؟
..., por favor? (petición educada)	lotfan لطفاً

Busco ...	donbāl-e ... migardam دنبال...می گردم.
el servicio	tuālet توالت
un cajero automático	xodpardāz خودپرداز
una farmacia	dāruxāne داروخانه
el hospital	bimārestān بیمارستان

| la comisaría | edāre-ye polis
اداره پلیس |
| el metro | istgāh-e metro
ایستگاه مترو |

un taxi	tāksi
	تاکسی
la estación de tren	istgāh-e qatār
	ایستگاه قطار

Me llamo …	esm-e man … ast
	اسم من...است.
¿Cómo se llama?	esm-e šomā čist?
	اسم شما چیست؟
¿Puede ayudarme, por favor?	lotfan mitavānid komakam konid?
	لطفاً می توانید کمکم کنید؟
Tengo un problema.	yek moškel dāram
	یک مشکل دارم.
Me encuentro mal.	hālam xub nist
	حالم خوب نیست.
¡Llame a una ambulancia!	āmbulāns xabar konid!
	آمبولانس خبر کنید!
¿Puedo llamar, por favor?	mitavānam yek telefon bezanam?
	می توانم یک تلفن بزنم؟

Lo siento.	ma'zerat mixāham
	معذرت می خواهم.
De nada.	xāheš mikonam
	خواهش می کنم.

Yo	man
	من
tú	to
	تو
él	u
	او
ella	u
	او
ellos	an-hā
	آنها
ellas	an-hā
	آنها
nosotros /nosotras/	mā
	ما
ustedes, vosotros	šomā
	شما
usted	šomā
	شما

ENTRADA	vorudi
	ورودی
SALIDA	xoruji
	خروجی
FUERA DE SERVICIO	xarāb
	خراب
CERRADO	baste
	بسته

ABIERTO	bāz
	باز
PARA SEÑORAS	zanāne
	زنانه
PARA CABALLEROS	mardāne
	مردانه

VOCABULARIO TEMÁTICO

Esta sección contiene más
de 3.000 de las palabras más
importantes. El diccionario
le proporcionará una ayuda
inestimable mientras viaja al
extranjero, porque las palabras
individuales son a menudo
suficientes para que
le entiendan.
El diccionario incluye una
transcripción adecuada
de cada palabra extranjera

T&P Books Publishing

CONTENIDO DEL DICCIONARIO

Conceptos básicos	73
Números. Miscelánea	79
Los colores. Las unidades de medida	83
Los verbos más importantes	87
La hora. El calendario	93
El viaje. El hotel	99
El transporte	103
La ciudad	109
La ropa y los accesorios	117
La experiencia diaria	125
Las comidas. El restaurante	133
La información personal. La familia	143
El cuerpo. La medicina	147
El apartamento	155
La tierra. El tiempo	161
La fauna	173
La flora	181
Los países	187

T&P Books Publishing

BOOKS

T&P

CONCEPTOS BÁSICOS

1. Los pronombres
2. Saludos. Salutaciones
3. Las preguntas
4. Las preposiciones
5. Las palabras útiles. Los adverbios.
   Unidad 1
6. Las palabras útiles. Los adverbios.
   Unidad 2

T&P Books Publishing

1. Los pronombres

yo	man	من
tú	to	تو
él, ella, ello	u	او
nosotros, -as	mā	ما
vosotros, -as	šomā	شما
ellos, ellas	ān-hā	آنها

2. Saludos. Salutaciones

¡Hola! (form.)	salām	سلام
¡Buenos días!	sobh bexeyr	صبح بخير
¡Buenas tardes!	ruz bexeyr!	روز بخير!
¡Buenas noches!	asr bexeyr	عصربخير
decir hola	salām kardan	سلام کردن
¡Hola! (a un amigo)	salām	سلام
saludo (m)	salām	سلام
saludar (vt)	salām kardan	سلام کردن
¿Cómo estáis?	haletān četowr ast?	حالتان چطور است؟
¿Cómo estás?	četorid?	چطوريد؟
¿Qué hay de nuevo?	če xabar?	چه خبر؟
¡Hasta la vista! (form.)	xodāhāfez	خداحافظ
¡Hasta la vista! (fam.)	bāy bāy	باى باى
¡Hasta pronto!	be omid-e didār!	به اميد ديدار!
¡Adiós!	xodāhāfez!	خداحافظ!
despedirse (vr)	xodāhāfezi kardan	خداحافظى کردن
¡Hasta luego!	tā bezudi!	تا بزودى!
¡Gracias!	motešakker-am!	متشکرم!
¡Muchas gracias!	besyār motešakker-am!	بسيار متشکرم!
De nada	xāheš mikonam	خواهش مى کنم
No hay de qué	tašakkor lāzem nist	تشکر لازم نيست
De nada	qābel-i nadārad	قابلى ندارد
¡Disculpa!	bebaxšid!	ببخشيد!
disculpar (vt)	baxšidan	بخشيدن
disculparse (vr)	ozr xāstan	عذر خواستن
Mis disculpas	ozr mixāham	عذرمى خواهم
¡Perdóneme!	bebaxšid!	ببخشيد!

perdonar (vt)	baxšidan	بخشیدن
¡No pasa nada!	mohem nist	مهم نیست
por favor	lotfan	لطفأ
¡No se le olvide!	farāmuš nakonid!	فراموش نکنید!
¡Ciertamente!	albate!	البته!
¡Claro que no!	albate ke neh!	البته که نه!
¡De acuerdo!	besyār xob!	بسیارخوب!
¡Basta!	bas ast!	بس است!

3. Las preguntas

¿Quién?	če kas-i?	چه کسی؟
¿Qué?	če čiz-i?	چه چیزی؟
¿Dónde?	kojā?	کجا؟
¿Adónde?	kojā?	کجا؟
¿De dónde?	az kojā?	از کجا؟
¿Cuándo?	če vaqt?	چه وقت؟
¿Para qué?	čerā?	چرا؟
¿Por qué?	čerā?	چرا؟
¿Por qué razón?	barā-ye če?	برای چه؟
¿Cómo?	četor?	چطور؟
¿Qué ...? (~ color)	kodām?	کدام؟
¿Cuál?	kodām?	کدام؟
¿A quién?	barā-ye ki?	برای کی؟
¿De quién? (~ hablan ...)	dar bāre-ye ki?	درباره کی؟
¿De qué?	darbāre-ye či?	درباره چی؟
¿Con quién?	bā ki?	با کی؟
¿Cuánto?	čeqadr?	چقدر؟
¿De quién?	māl-e ki?	مال کی؟

4. Las preposiciones

con ... (~ algn)	bā	با
sin ... (~ azúcar)	bedune	بدون
a ... (p.ej. voy a México)	be	به
de ... (hablar ~)	rāje' be	راجع به
antes de ...	piš az	پیش از
delante de ...	dar moqābel	در مقابل
debajo	zir	زیر
sobre ..., encima de ...	bālā-ye	بالای
en, sobre (~ la mesa)	ruy	روی
de (origen)	az	از
de (fabricado de)	az	از

| dentro de … | tā | تا |
| encima de … | az bālāye | از بالای |

5. Las palabras útiles. Los adverbios. Unidad 1

¿Dónde?	kojā?	کجا؟
aquí (adv)	in jā	این جا
allí (adv)	ānjā	آنجا

| en alguna parte | jā-yi | جایی |
| en ninguna parte | hič kojā | هیچ کجا |

| junto a … | nazdik | نزدیک |
| junto a la ventana | nazdik panjere | نزدیک پنجره |

¿A dónde?	kojā?	کجا؟
aquí (venga ~)	in jā	این جا
allí (vendré ~)	ānjā	آنجا
de aquí (adv)	az injā	از اینجا
de allí (adv)	az ānjā	از آنجا

| cerca (no lejos) | nazdik | نزدیک |
| lejos (adv) | dur | دور |

cerca de …	nazdik	نزدیک
al lado (de …)	nazdik	نزدیک
no lejos (adv)	nazdik	نزدیک

izquierdo (adj)	čap	چپ
a la izquierda (situado ~)	dast-e čap	دست چپ
a la izquierda (girar ~)	be čap	به چپ

derecho (adj)	rāst	راست
a la derecha (situado ~)	dast-e rāst	دست راست
a la derecha (girar)	be rāst	به راست

delante (yo voy ~)	jelo	جلو
delantero (adj)	jelo	جلو
adelante (movimiento)	jelo	جلو

detrás de …	aqab	عقب
desde atrás	az aqab	از عقب
atrás (da un paso ~)	aqab	عقب
centro (m), medio (m)	vasat	وسط
en medio (adv)	dar vasat	در وسط

de lado (adv)	pahlu	پهلو
en todas partes	hame jā	همه جا
alrededor (adv)	atrāf	اطراف
de dentro (adv)	az daxel	از داخل

a alguna parte	jā-yi	جایی
todo derecho (adv)	mostaqim	مستقیم
atrás (muévelo para ~)	aqab	عقب
de alguna parte (adv)	az har jā	از هر جا
no se sabe de dónde	az yek jā-yi	از یک جایی
primero (adv)	avvalan	اولاً
segundo (adv)	dumā	دوما
tercero (adv)	sālesan	ثالثاً
de súbito (adv)	nāgahān	ناگهان
al principio (adv)	dar avval	در اول
por primera vez	barā-ye avvalin bār	برای اولین بار
mucho tiempo antes ...	xeyli vaqt piš	خیلی وقت پیش
de nuevo (adv)	az now	از نو
para siempre (adv)	barā-ye hamiše	برای همیشه
jamás, nunca (adv)	hič vaqt	هیچ وقت
de nuevo (adv)	dobāre	دوباره
ahora (adv)	alān	الان
frecuentemente (adv)	aqlab	اغلب
entonces (adv)	ān vaqt	آن وقت
urgentemente (adv)	foran	فوراً
usualmente (adv)	maʿmulan	معمولاً
a propósito, ...	rāst-i	راستی
es probable	momken ast	ممکن است
probablemente (adv)	ehtemālan	احتمالاً
tal vez	šāyad	شاید
además ...	bealāve	بعلاوه
por eso ...	be hamin xāter	به همین خاطر
a pesar de ...	alāraqm	علیرغم
gracias a ...	be lotf	به لطف
qué (pron)	če?	چه؟
que (conj)	ke	که
algo (~ le ha pasado)	yek čiz-i	یک چیزی
algo (~ así)	yek kāri	یک کاری
nada (f)	hič čiz	هیچ چیز
quien	ki	کی
alguien (viene ~)	yek kas-i	یک کسی
alguien (¿ha llamado ~?)	yek kas-i	یک کسی
nadie	hič kas	هیچ کس
a ninguna parte	hič kojā	هیچ کجا
de nadie	māl-e hičkas	مال هیچ کس
de alguien	har kas-i	هر کسی
tan, tanto (adv)	xeyli	خیلی
también (~ habla francés)	ham	هم
también (p.ej. Yo ~)	ham	هم

6. Las palabras útiles. Los adverbios. Unidad 2

¿Por qué?	čerã?	چرا؟
no se sabe porqué	be dalil-i	به دلیلی
porque …	čon	چون
por cualquier razón (adv)	barã-ye maqsudi	برای مقصودی
y (p.ej. uno y medio)	va	و
o (p.ej. té o café)	yã	یا
pero (p.ej. me gusta, ~)	ammã	اما
para (p.ej. es para ti)	barã-ye	برای
demasiado (adv)	besyãr	بسیار
sólo, solamente (adv)	faqat	فقط
exactamente (adv)	daqiqan	دقیقا
unos …,	taqriban	تقریباً
cerca de … (~ 10 kg)		
aproximadamente	taqriban	تقریباً
aproximado (adj)	taqribi	تقریبی
casi (adv)	taqriban	تقریباً
resto (m)	baqiye	بقیه
el otro (adj)	digar	دیگر
otro (p.ej. el otro día)	digar	دیگر
cada (adj)	har	هر
cualquier (adj)	har	هر
mucho (adv)	ziyãd	زیاد
muchos (mucha gente)	besyãri	بسیاری
todos	hame	همه
a cambio de …	dar avaz	در عوض
en cambio (adv)	dar barãbar	در برابر
a mano (hecho ~)	dasti	دستی
poco probable	baid ast	بعید است
probablemente	ehtemãlan	احتمالاً
a propósito (adv)	amdan	عمداً
por accidente (adv)	tasãdofi	تصادفی
muy (adv)	besyãr	بسیار
por ejemplo (adv)	masalan	مثلاً
entre (~ nosotros)	beyn	بین
entre (~ otras cosas)	miyãn	میان
tanto (~ gente)	in qadr	این قدر
especialmente (adv)	maxsusan	مخصوصاً

NÚMEROS. MISCELÁNEA

7. Números cardinales. Unidad 1
8. Números cardinales. Unidad 2
9. Números ordinales

T&P Books Publishing

cero	sefr	صفر
uno	yek	یک
dos	do	دو
tres	se	سه
cuatro	čāhār	چهار

cinco	panj	پنج
seis	šeš	شش
siete	haft	هفت
ocho	hašt	هشت
nueve	neh	نه

diez	dah	ده
once	yāzdah	یازده
doce	davāzdah	دوازده
trece	sizdah	سیزده
catorce	čāhārdah	چهارده

quince	pānzdah	پانزده
dieciséis	šānzdah	شانزده
diecisiete	hefdah	هفده
dieciocho	hijdah	هیجده
diecinueve	nuzdah	نوزده

veinte	bist	بیست
veintiuno	bist-o yek	بیست ویک
veintidós	bist-o do	بیست ودو
veintitrés	bist-o se	بیست وسه

treinta	si	سی
treinta y uno	si-yo yek	سی ویک
treinta y dos	si-yo do	سی ودو
treinta y tres	si-yo se	سی وسه

cuarenta	čehel	چهل
cuarenta y uno	čehel-o yek	چهل ویک
cuarenta y dos	čehel-o do	چهل ودو
cuarenta y tres	čehel-o se	چهل وسه

cincuenta	panjāh	پنجاه
cincuenta y uno	panjāh-o yek	پنجاه ویک
cincuenta y dos	panjāh-o do	پنجاه ودو
cincuenta y tres	panjāh-o se	پنجاه وسه
sesenta	šast	شصت

sesenta y uno	šast-o yek	شصت ویک
sesenta y dos	šast-o do	شصت ودو
sesenta y tres	šast-o se	شصت وسه
setenta	haftād	هفتاد
setenta y uno	haftād-o yek	هفتاد ویک
setenta y dos	haftād-o do	هفتاد ودو
setenta y tres	haftād-o se	هفتاد وسه
ochenta	haštād	هشتاد
ochenta y uno	haštād-o yek	هشتاد ویک
ochenta y dos	haštād-o do	هشتاد ودو
ochenta y tres	haštād-o se	هشتاد وسه
noventa	navad	نود
noventa y uno	navad-o yek	نود ویک
noventa y dos	navad-o do	نود ودو
noventa y tres	navad-o se	نود وسه

8. Números cardinales. Unidad 2

cien	sad	صد
doscientos	devist	دویست
trescientos	sisad	سیصد
cuatrocientos	čāhārsad	چهارصد
quinientos	pānsad	پانصد
seiscientos	šeššad	ششصد
setecientos	haftsad	هفتصد
ochocientos	haštsad	هشتصد
novecientos	nohsad	نهصد
mil	hezār	هزار
dos mil	dohezār	دوهزار
tres mil	se hezār	سه هزار
diez mil	dah hezār	ده هزار
cien mil	sad hezār	صد هزار
millón (m)	milyun	میلیون
mil millones	milyārd	میلیارد

9. Números ordinales

primero (adj)	avvalin	اولین
segundo (adj)	dovvomin	دومین
tercero (adj)	sevvomin	سومین
cuarto (adj)	čāhāromin	چهارمین
quinto (adj)	panjomin	پنجمین
sexto (adj)	šešomin	ششمین

séptimo (adj)	haftomin	هفتمین
octavo (adj)	haštomin	هشتمین
noveno (adj)	nohomin	نهمین
décimo (adj)	dahomin	دهمین

LOS COLORES.
LAS UNIDADES DE MEDIDA

10. Los colores
11. Las unidades de medida
12. Contenedores

T&P Books Publishing

10. Los colores

color (m)	rang	رنگ
matiz (m)	teyf-e rang	طیف رنگ
tono (m)	rangmaye	رنگمایه
arco (m) iris	rangin kamān	رنگین کمان
blanco (adj)	sefid	سفید
negro (adj)	siyāh	سیاه
gris (adj)	xākestari	خاکستری
verde (adj)	sabz	سبز
amarillo (adj)	zard	زرد
rojo (adj)	sorx	سرخ
azul (adj)	abi	آبی
azul claro (adj)	ābi rowšan	آبی روشن
rosa (adj)	surati	صورتی
naranja (adj)	nārenji	نارنجی
violeta (adj)	banafš	بنفش
marrón (adj)	qahve i	قهوه ای
dorado (adj)	talāyi	طلایی
argentado (adj)	noqre i	نقره ای
beige (adj)	baž	بژ
crema (adj)	kerem	کرم
turquesa (adj)	firuze i	فیروزه ای
rojo cereza (adj)	ālbāluyi	آلبالویی
lila (adj)	banafš yasi	بنفش یاسی
carmesí (adj)	zereški	زرشکی
claro (adj)	rowšan	روشن
oscuro (adj)	tire	تیره
vivo (adj)	rowšan	روشن
de color (lápiz ~)	rangi	رنگی
en colores (película ~)	rangi	رنگی
blanco y negro (adj)	siyāh-o sefid	سیاه و سفید
unicolor (adj)	yek rang	یک رنگ
multicolor (adj)	rangārang	رنگارنگ

11. Las unidades de medida

peso (m)	vazn	وزن
longitud (f)	tul	طول

anchura (f)	arz	عرض
altura (f)	ertefā'	ارتفاع
profundidad (f)	omq	عمق
volumen (m)	hajm	حجم
área (f)	masāhat	مساحت

gramo (m)	garm	گرم
miligramo (m)	mili geram	میلی گرم
kilogramo (m)	kilugeram	کیلوگرم
tonelada (f)	ton	تن
libra (f)	pond	پوند
onza (f)	ons	اونس

metro (m)	metr	متر
milímetro (m)	mili metr	میلی متر
centímetro (m)	sāntimetr	سانتیمتر
kilómetro (m)	kilumetr	کیلومتر
milla (f)	māyel	مایل

pulgada (f)	inč	اینچ
pie (m)	fowt	فوت
yarda (f)	yārd	یارد

metro (m) cuadrado	metr morabba'	متر مربع
hectárea (f)	hektār	هکتار
litro (m)	litr	لیتر
grado (m)	daraje	درجه
voltio (m)	volt	ولت
amperio (m)	āmper	آمپر
caballo (m) de fuerza	asb-e boxār	اسب بخار

cantidad (f)	meqdār	مقدار
un poco de ...	kami	کمی
mitad (f)	nim	نیم
docena (f)	dojin	دوجین
pieza (f)	tā	تا

| dimensión (f) | andāze | اندازه |
| escala (f) (del mapa) | meqyās | مقیاس |

mínimo (adj)	haddeaqal	حداقل
el más pequeño (adj)	kučaktarin	کوچکترین
medio (adj)	motevasset	متوسط
máximo (adj)	haddeaksar	حداکثر
el más grande (adj)	bištarin	بیشترین

12. Contenedores

| tarro (m) de vidrio | šišeh konserv | شیشه کنسرو |
| lata (f) | quti | قوطی |

cubo (m)	satl	سطل
barril (m)	boške	بشکه
palangana (f)	tašt	تشت
tanque (m)	maxzan	مخزن
petaca (f) (de alcohol)	qomqome	قمقمه
bidón (m) de gasolina	dabbe	دبه
cisterna (f)	maxzan	مخزن
taza (f) (mug de cerámica)	livān	لیوان
taza (f) (~ de café)	fenjān	فنجان
platillo (m)	na'lbeki	نعلبکی
vaso (m) (~ de agua)	estekān	استکان
copa (f) (~ de vino)	gilās-e šarāb	گیلاس شراب
olla (f)	qāblame	قابلمه
botella (f)	botri	بطری
cuello (m) de botella	gardan-e botri	گردن بطری
garrafa (f)	tong	تنگ
jarro (m) (~ de agua)	pārč	پارچ
recipiente (m)	zarf	ظرف
tarro (m)	sofāl	سفال
florero (m)	goldān	گلدان
frasco (m) (~ de perfume)	botri	بطری
frasquito (m)	viyāl	ویال
tubo (m)	tiyub	تیوب
saco (m) (~ de azúcar)	kise	کیسه
bolsa (f) (~ plástica)	pākat	پاکت
paquete (m) (~ de cigarrillos)	baste	بسته
caja (f)	ja'be	جعبه
cajón (m) (~ de madera)	sanduq	صندوق
cesta (f)	sabad	سبد

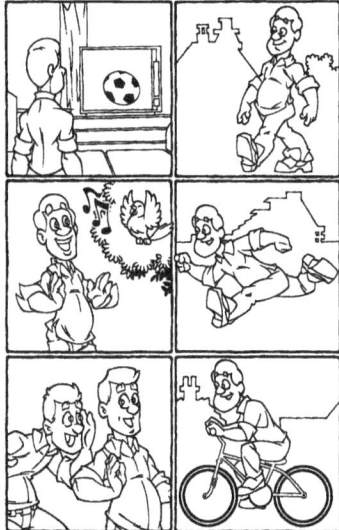

LOS VERBOS
MÁS IMPORTANTES

13. Los verbos más importantes.
    Unidad 1
14. Los verbos más importantes.
    Unidad 2
15. Los verbos más importantes.
    Unidad 3
16. Los verbos más importantes.
    Unidad 4

T&P Books Publishing

abrir (vt)	bāz kardan	باز کردن
acabar, terminar (vt)	be pāyān resāndan	به پایان رساندن
aconsejar (vt)	nasihat kardan	نصیحت کردن
adivinar (vt)	hads zadan	حدس زدن
advertir (vt)	hošdār dādan	هشدار دادن
alabarse, jactarse (vr)	be rox kešidan	به رخ کشیدن
almorzar (vi)	nāhār xordan	ناهار خوردن
alquilar (~ una casa)	ejāre kardan	اجاره کردن
amenazar (vt)	tahdid kardan	تهدید کردن
arrepentirse (vr)	afsus xordan	افسوس خوردن
ayudar (vt)	komak kardan	کمک کردن
bañarse (vr)	ābtani kardan	آبتنی کردن
bromear (vi)	šuxi kardan	شوخی کردن
buscar (vt)	jostoju kardan	جستجو کردن
caer (vi)	oftādan	افتادن
callarse (vr)	sāket māndan	ساکت ماندن
cambiar (vt)	avaz kardan	عوض کردن
castigar, punir (vt)	tanbih kardan	تنبیه کردن
cavar (vt)	kandan	کندن
cazar (vi, vt)	šekār kardan	شکار کردن
cenar (vi)	šām xordan	شام خوردن
cesar (vt)	bas kardan	بس کردن
coger (vt)	gereftan	گرفتن
comenzar (vt)	šoru' kardan	شروع کردن
comparar (vt)	moqāyse kardan	مقایسه کردن
comprender (vt)	fahmidan	فهمیدن
confiar (vt)	etminān kardan	اطمینان کردن
confundir (vt)	qāti kardan	قاطی کردن
conocer (~ a alguien)	šenāxtan	شناختن
contar (vt) (enumerar)	šemordan	شمردن
contar con ...	hesāb kardan	حساب کردن
continuar (vt)	edāme dādan	ادامه دادن
controlar (vt)	kontorol kardan	کنترل کردن
correr (vi)	davidan	دویدن
costar (vt)	qeymat dāštan	قیمت داشتن
crear (vt)	ijād kardan	ایجاد کردن

14. Los verbos más importantes. Unidad 2

dar (vt)	dādan	دادن
dar una pista	sarnax dādan	سرنخ دادن
decir (vt)	goftan	گفتن
decorar (para la fiesta)	tazyin kardan	تزیین کردن
defender (vt)	defā' kardan	دفاع کردن
dejar caer	andāxtan	انداختن
desayunar (vi)	sobhāne xordan	صبحانه خوردن
descender (vi)	pāyin āmadan	پایین آمدن
dirigir (administrar)	edāre kardan	اداره کردن
disculpar (vt)	baxšidan	بخشیدن
disculparse (vr)	ozr xāstan	عذر خواستن
discutir (vt)	bahs kardan	بحث کردن
dudar (vt)	šok dāštan	شک داشتن
encontrar (hallar)	peydā kardan	پیدا کردن
engañar (vi, vt)	farib dādan	فریب دادن
entrar (vi)	vāred šodan	وارد شدن
enviar (vt)	ferestādan	فرستادن
equivocarse (vr)	eštebāh kardan	اشتباه کردن
escoger (vt)	entexāb kardan	انتخاب کردن
esconder (vt)	penhān kardan	پنهان کردن
escribir (vt)	neveštan	نوشتن
esperar (aguardar)	montazer budan	منتظر بودن
esperar (tener esperanza)	omid dāštan	امید داشتن
estar de acuerdo	movāfeqat kardan	موافقت کردن
estudiar (vt)	dars xāndan	درس خواندن
exigir (vt)	darxāst kardan	درخواست کردن
existir (vi)	vojud dāštan	وجود داشتن
explicar (vt)	touzih dādan	توضیح دادن
faltar (a las clases)	qāyeb budan	غایب بودن
firmar (~ el contrato)	emzā kardan	امضا کردن
girar (~ a la izquierda)	pičidan	پیچیدن
gritar (vi)	faryād zadan	فریاد زدن
guardar (conservar)	hefz kardan	حفظ کردن
gustar (vi)	dust dāštan	دوست داشتن
hablar (vi, vt)	harf zadan	حرف زدن
hacer (vt)	anjām dādan	انجام دادن
informar (vt)	āgah kardan	آگاه کردن
insistir (vi)	esrār kardan	اصرار کردن
insultar (vt)	towhin kardan	توهین کردن
interesarse (vr)	alāqe dāštan	علاقه داشتن
invitar (vt)	da'vat kardan	دعوت کردن

| ir (a pie) | raftan | رفتن |
| jugar (divertirse) | bāzi kardan | بازی کردن |

15. Los verbos más importantes. Unidad 3

leer (vi, vt)	xāndan	خواندن
liberar (ciudad, etc.)	āzād kardan	آزاد کردن
llamar (por ayuda)	komak xāstan	کمک خواستن
llegar (vi)	residan	رسیدن
llorar (vi)	gerye kardan	گریه کردن
matar (vt)	koštan	کشتن
mencionar (vt)	zekr kardan	ذکر کردن
mostrar (vt)	nešān dādan	نشان دادن
nadar (vi)	šenā kardan	شنا کردن
negarse (vr)	rad kardan	رد کردن
objetar (vt)	moxalefat kardan	مخالفت کردن
observar (vt)	mošāhede kardan	مشاهده کردن
oír (vt)	šenidan	شنیدن
olvidar (vt)	farāmuš kardan	فراموش کردن
orar (vi)	do'ā kardan	دعا کردن
ordenar (mil.)	farmān dādan	فرمان دادن
pagar (vi, vt)	pardāxtan	پرداختن
pararse (vr)	motevaghef šodan	متوقف شدن
participar (vi)	šerekat kardan	شرکت کردن
pedir (ayuda, etc.)	xāstan	خواستن
pedir (en restaurante)	sefāreš dādan	سفارش دادن
pensar (vi, vt)	fekr kardan	فکر کردن
percibir (ver)	motevajjeh šodan	متوجه شدن
perdonar (vt)	baxšidan	بخشیدن
permitir (vt)	ejāze dādan	اجازه دادن
pertenecer a ...	ta'alloq dāštan	تعلق داشتن
planear (vt)	barnāmerizi kardan	برنامه ریزی کردن
poder (v aux)	tavānestan	توانستن
poseer (vt)	sāheb budan	صاحب بودن
preferir (vt)	tarjih dādan	ترجیح دادن
preguntar (vt)	porsidan	پرسیدن
preparar (la cena)	poxtan	پختن
prever (vt)	pišbini kardan	پیش بینی کردن
probar, tentar (vt)	talāš kardan	تلاش کردن
prometer (vt)	qowl dādan	قول دادن
pronunciar (vt)	talaffoz kardan	تلفظ کردن
proponer (vt)	pišnahād dādan	پیشنهاد دادن
quebrar (vt)	šekastan	شکستن

quejarse (vr)	šekāyat kardan	شکایت کردن
querer (amar)	dust dāštan	دوست داشتن
querer (desear)	xāstan	خواستن

16. Los verbos más importantes. Unidad 4

recomendar (vt)	towsie kardan	توصیه کردن
regañar, reprender (vt)	da'vā kardan	دعوا کردن
reírse (vr)	xandidan	خندیدن
repetir (vt)	tekrār kardan	تکرار کردن
reservar (~ una mesa)	rezerv kardan	رزرو کردن
responder (vi, vt)	javāb dādan	جواب دادن

robar (vt)	dozdidan	دزدیدن
saber (~ algo mas)	dānestan	دانستن
salir (vi)	birun raftan	بیرون رفتن
salvar (vt)	najāt dādan	نجات دادن
seguir ...	donbāl kardan	دنبال کردن
sentarse (vr)	nešastan	نشستن

ser necesario	hāmi budan	حامی بودن
ser, estar (vi)	budan	بودن
significar (vt)	ma'ni dāštan	معنی داشتن
sonreír (vi)	labxand zadan	لبخند زدن
sorprenderse (vr)	mote'ajjeb šodan	متعجب شدن

subestimar (vt)	dast-e kam gereftan	دست کم گرفتن
tener (vt)	dāštan	داشتن
tener hambre	gorosne budan	گرسنه بودن
tener miedo	tarsidan	ترسیدن

tener prisa	ajale kardan	عجله کردن
tener sed	tešne budan	تشنه بودن
tirar, disparar (vi)	tirandāzi kardan	تیراندازی کردن
tocar (con las manos)	lams kardan	لمس کردن
tomar (vt)	bardāštan	برداشتن
tomar nota	nevēštan	نوشتن

trabajar (vi)	kār kardan	کار کردن
traducir (vt)	tarjome kardan	ترجمه کردن
unir (vt)	mottahed kardan	متحد کردن
vender (vt)	foruxtan	فروختن
ver (vt)	didan	دیدن
volar (pájaro, avión)	parvāz kardan	پرواز کردن

T&P BOOKS

LA HORA. EL CALENDARIO

17. Los días de la semana
18. Las horas. El día y la noche
19. Los meses. Las estaciones

T&P Books Publishing

17. Los días de la semana

lunes (m)	došanbe	دوشنبه
martes (m)	se šanbe	سه شنبه
miércoles (m)	čāhāršanbe	چهارشنبه
jueves (m)	panj šanbe	پنج شنبه
viernes (m)	jom'e	جمعه
sábado (m)	šanbe	شنبه
domingo (m)	yek šanbe	یک شنبه
hoy (adv)	emruz	امروز
mañana (adv)	fardā	فردا
pasado mañana	pas fardā	پس فردا
ayer (adv)	diruz	دیروز
anteayer (adv)	pariruz	پریروز
día (m)	ruz	روز
día (m) de trabajo	ruz-e kāri	روز کاری
día (m) de fiesta	ruz-e jašn	روز جشن
día (m) de descanso	ruz-e ta'til	روز تعطیل
fin (m) de semana	āxar-e hafte	آخر هفته
todo el día	tamām-e ruz	تمام روز
al día siguiente	ruz-e ba'd	روز بعد
dos días atrás	do ruz-e piš	دو روز پیش
en vísperas (adv)	ruz-e qabl	روز قبل
diario (adj)	ruzāne	روزانه
cada día (adv)	har ruz	هر روز
semana (f)	hafte	هفته
semana (f) pasada	hafte-ye gozašte	هفته گذشته
semana (f) que viene	hafte-ye āyande	هفته آینده
semanal (adj)	haftegi	هفتگی
cada semana (adv)	har hafte	هر هفته
2 veces por semana	do bār dar hafte	دو بار درهفته
todos los martes	har sešanbe	هر سه شنبه

18. Las horas. El día y la noche

mañana (f)	sobh	صبح
por la mañana	sobh	صبح
mediodía (m)	zohr	ظهر
por la tarde	ba'd az zohr	بعد ازظهر
noche (f)	asr	عصر

por la noche	asr	عصر
noche (f) (p.ej. 2:00 a.m.)	šab	شب
por la noche	šab	شب
medianoche (f)	nesfe šab	نصفه شب
segundo (m)	sānie	ثانیه
minuto (m)	daqiqe	دقیقه
hora (f)	sā'at	ساعت
media hora (f)	nim sā'at	نیم ساعت
cuarto (m) de hora	yek rob'	یک ربع
quince minutos	pānzdah daqiqe	پانزده دقیقه
veinticuatro horas	šabāne ruz	شبانه روز
salida (f) del sol	tolu-'e āftāb	طلوع آفتاب
amanecer (m)	sahar	سحر
madrugada (f)	sobh-e zud	صبح زود
puesta (f) del sol	qorub	غروب
de madrugada	sobh-e zud	صبح زود
esta mañana	emruz sobh	امروز صبح
mañana por la mañana	fardā sobh	فردا صبح
esta tarde	emruz zohr	امروز ظهر
por la tarde	ba'd az zohr	بعد ازظهر
mañana por la tarde	fardā ba'd az zohr	فردا بعد ازظهر
esta noche (p.ej. 8:00 p.m.)	emšab	امشب
mañana por la noche	fardā šab	فردا شب
a las tres en punto	sar-e sā'at-e se	سر ساعت ۳
a eso de las cuatro	nazdik-e sā'at-e čāhār	نزدیک ساعت ۴
para las doce	nazdik zohr	نزدیک ظهر
dentro de veinte minutos	bist daqiqe-ye digar	۲۰ دقیقه دیگر
dentro de una hora	yek sā'at-e digar	یک ساعت دیگر
a tiempo (adv)	be moqe'	به موقع
… menos cuarto	yek rob' be	یک ربع به
durante una hora	yek sā'at-e digar	یک ساعت دیگر
cada quince minutos	har pānzdah daqiqe	هر ۵۱ دقیقه
día y noche	šabāne ruz	شبانه روز

19. Los meses. Las estaciones

enero (m)	žānvie	ژانویه
febrero (m)	fevriye	فوریه
marzo (m)	mārs	مارس
abril (m)	āvril	آوریل
mayo (m)	meh	مه

junio (m)	žuan	ژوئن
julio (m)	žuiye	ژوئیه
agosto (m)	owt	اوت
septiembre (m)	septãmbr	سپتامبر
octubre (m)	oktobr	اکتبر
noviembre (m)	novãmbr	نوامبر
diciembre (m)	desãmr	دسامبر
primavera (f)	bahãr	بهار
en primavera	dar bahãr	در بهار
de primavera (adj)	bahãri	بهاری
verano (m)	tãbestãn	تابستان
en verano	dar tãbestãn	در تابستان
de verano (adj)	tãbestãni	تابستانی
otoño (m)	pãyiz	پاییز
en otoño	dar pãyiz	در پاییز
de otoño (adj)	pãyizi	پاییزی
invierno (m)	zemestãn	زمستان
en invierno	dar zemestãn	در زمستان
de invierno (adj)	zemestãni	زمستانی
mes (m)	mãh	ماه
este mes	in mãh	این ماه
al mes siguiente	mãh-e ãyande	ماه آینده
el mes pasado	mãh-e gozašte	ماه گذشته
hace un mes	yek mãh qabl	یک ماه قبل
dentro de un mes	yek mãh digar	یک ماه دیگر
dentro de dos meses	do mãh-e digar	۲ماه دیگر
todo el mes	tamãm-e mãh	تمام ماه
todo un mes	tamãm-e mãh	تمام ماه
mensual (adj)	mãhãne	ماهانه
mensualmente (adv)	mãhãne	ماهانه
cada mes	har mãh	هر ماه
dos veces por mes	do bãr dar mãh	دو بار درماه
año (m)	sãl	سال
este año	emsãl	امسال
el próximo año	sãl-e ãyande	سال آینده
el año pasado	sãl-e gozašte	سال گذشته
hace un año	yek sãl qabl	یک سال قبل
dentro de un año	yek sãl-e digar	یک سال دیگر
dentro de dos años	do sãl-e digar	۲سال دیگر
todo el año	tamãm-e sãl	تمام سال
todo un año	tamãm-e sãl	تمام سال
cada año	har sãl	هر سال
anual (adj)	sãlãne	سالانه

anualmente (adv)	sālāne	سالانه
cuatro veces por año	čāhār bār dar sāl	چهار بار در سال
fecha (f) (la ~ de hoy es ...)	tārix	تاریخ
fecha (f) (~ de entrega)	tārix	تاریخ
calendario (m)	taqvim	تقویم
medio año (m)	nim sāl	نیم سال
seis meses	nim sāl	نیم سال
estación (f)	fasl	فصل
siglo (m)	qarn	قرن

T&P BOOKS

EL VIAJE. EL HOTEL

20. Las vacaciones. El viaje
21. El hotel
22. El turismo. La excursión

T&P Books Publishing

20. Las vacaciones. El viaje

turismo (m)	gardešgari	گردشگری
turista (m)	turist	توریست
viaje (m)	mosāferat	مسافرت
aventura (f)	mājarā	ماجرا
viaje (m) (p.ej. ~ en coche)	safar	سفر
vacaciones (f pl)	moraxxasi	مرخصی
estar de vacaciones	dar moraxassi budan	در مرخصی بودن
descanso (m)	esterāhat	استراحت
tren (m)	qatār	قطار
en tren	bā qatār	با قطار
avión (m)	havāpeymā	هواپیما
en avión	bā havāpeymā	با هواپیما
en coche	bā otomobil	با اتومبیل
en barco	dar kešti	با کشتی
equipaje (m)	bār	بار
maleta (f)	čamedān	چمدان
carrito (m) de equipaje	čarx-e hamle bar	چرخ حمل بار
pasaporte (m)	gozarnāme	گذرنامه
visado (m)	ravādid	روادید
billete (m)	belit	بلیط
billete (m) de avión	belit-e havāpeymā	بلیط هواپیما
guía (f) (libro)	ketāb-e rāhnamā	کتاب راهنما
mapa (m)	naqše	نقشه
área (f) (~ rural)	mahal	محل
lugar (m)	jā	جا
exotismo (m)	qarāyeb	غرایب
exótico (adj)	qarib	غریب
asombroso (adj)	heyrat angiz	حیرت انگیز
grupo (m)	goruh	گروه
excursión (f)	gardeš	گردش
guía (m) (persona)	rāhnamā-ye tur	راهنمای تور

21. El hotel

hotel (m)	hotel	هتل
motel (m)	motel	متل

de tres estrellas	se setāre	سه ستاره
de cinco estrellas	panj setāre	پنج ستاره
hospedarse (vr)	māndan	ماندن
habitación (f)	otāq	اتاق
habitación (f) individual	otāq-e yeknafare	اتاق یک نفره
habitación (f) doble	otāq-e do nafare	اتاق دو نفره
reservar una habitación	otāq rezerv kardan	اتاق رزرو کردن
media pensión (f)	nim pānsiyon	نیم پانسیون
pensión (f) completa	pānsiyon	پانسیون
con baño	bā vān	با وان
con ducha	bā duš	با دوش
televisión (f) satélite	televiziyon-e māhvārei	تلویزیون ماهواره ای
climatizador (m)	tahviye-ye matbu'	تهویه مطبوع
toalla (f)	howle	حوله
llave (f)	kelid	کلید
administrador (m)	edāre-ye konande	اداره کننده
camarera (f)	mostaxdem	مستخدم
maletero (m)	bārbar	باربر
portero (m)	darbān	دربان
restaurante (m)	resturān	رستوران
bar (m)	bār	بار
desayuno (m)	sobhāne	صبحانه
cena (f)	šām	شام
buffet (m) libre	bufe	بوفه
vestíbulo (m)	lābi	لابی
ascensor (m)	āsānsor	آسانسور
NO MOLESTAR	mozāhem našavid	مزاحم نشوید
PROHIBIDO FUMAR	sigār kešidan mamnu'	سیگار کشیدن ممنوع

22. El turismo. La excursión

monumento (m)	mojassame	مجسمه
fortaleza (f)	qal'e	قلعه
palacio (m)	kāx	کاخ
castillo (m)	qal'e	قلعه
torre (f)	borj	برج
mausoleo (m)	ārāmgāh	آرامگاه
arquitectura (f)	me'māri	معماری
medieval (adj)	qorun-e vasati	قرون وسطی
antiguo (adj)	qadimi	قدیمی
nacional (adj)	melli	ملی
conocido (adj)	mašhur	مشهور

turista (m)	turist	توریست
guía (m) (persona)	rāhnamā-ye tur	راهنمای تور
excursión (f)	gardeš	گردش
mostrar (vt)	nešān dādan	نشان دادن
contar (una historia)	hekāyat kardan	حکایت کردن
encontrar (hallar)	peydā kardan	پیدا کردن
perderse (vr)	gom šodan	گم شدن
plano (m) (~ de metro)	naqše	نقشه
mapa (m) (~ de la ciudad)	naqše	نقشه
recuerdo (m)	sowqāti	سوغاتی
tienda (f) de regalos	forušgāh-e sowqāti	فروشگاه سوغاتی
hacer fotos	aks gereftan	عکس گرفتن
fotografiarse (vr)	aks gereftan	عکس گرفتن

T&P BOOKS

EL TRANSPORTE

23. El aeropuerto
24. El avión
25. El tren
26. El barco

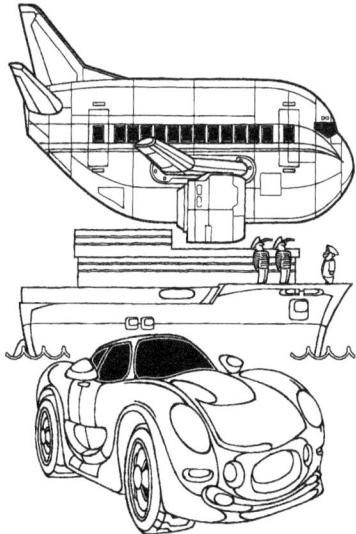

T&P Books Publishing

23. El aeropuerto

aeropuerto (m)	forudgāh	فرودگاه
avión (m)	havāpeymā	هواپیما
compañía (f) aérea	šerkat-e havāpeymāyi	شرکت هواپیمایی
controlador (m) aéreo	ma'mur-e kontorol-e terāfik-e havāyi	مأمور کنترل ترافیک هوایی

despegue (m)	azimat	عزیمت
llegada (f)	vorud	ورود
llegar (en avión)	residan	رسیدن

hora (f) de salida	zamān-e parvāz	زمان پرواز
hora (f) de llegada	zamān-e vorud	زمان ورود

retrasarse (vr)	ta'xir kardan	تأخیر کردن
retraso (m) de vuelo	ta'xir-e parvāz	تأخیر پرواز

pantalla (f) de información	tāblo-ye ettelā'āt	تابلوی اطلاعات
información (f)	ettelā'āt	اطلاعات
anunciar (vt)	e'lām kardan	اعلام کردن
vuelo (m)	parvāz	پرواز

aduana (f)	gomrok	گمرک
aduanero (m)	ma'mur-e gomrok	مأمور گمرک

declaración (f) de aduana	ežhār-nāme	اظهارنامه
rellenar (vt)	por kardan	پر کردن
rellenar la declaración	ezhār-nāme rā por kardan	اظهارنامه را پر کردن
control (m) de pasaportes	kontorol-e gozarnāme	کنترل گذرنامه

equipaje (m)	bār	بار
equipaje (m) de mano	bār-e dasti	بار دستی
carrito (m) de equipaje	čarx-e hamle bar	چرخ حمل بار

aterrizaje (m)	forud	فرود
pista (f) de aterrizaje	bānd-e forudgāh	باند فرودگاه
aterrizar (vi)	nešastan	نشستن
escaleras (f pl) (de avión)	pellekān	پلکان

facturación (f) (check-in)	ček in	چک این
mostrador (m) de facturación	bāje-ye kontorol	باجه کنترل
hacer el check-in	čekin kardan	چکاین کردن
tarjeta (f) de embarque	kārt-e parvāz	کارت پرواز
puerta (f) de embarque	gi-yat xoruj	گیت خروج

tránsito (m)	terānzit	ترانزیت
esperar (aguardar)	montazer budan	منتظر بودن
zona (f) de preembarque	tālār-e entezār	تالار انتظار
despedir (vt)	badraqe kardan	بدرقه کردن
despedirse (vr)	xodāhāfezi kardan	خداحافظی کردن

24. El avión

avión (m)	havāpeymā	هواپیما
billete (m) de avión	belit-e havāpeymā	بلیط هواپیما
compañía (f) aérea	šerkat-e havāpeymāyi	شرکت هواپیمایی
aeropuerto (m)	forudgāh	فرودگاه
supersónico (adj)	māvarā sowt	ماوراء صوت
comandante (m)	kāpitān	کاپیتان
tripulación (f)	xadame	خدمه
piloto (m)	xalabān	خلبان
azafata (f)	mehmāndār-e havāpeymā	مهماندار هواپیما
navegador (m)	nāvbar	ناوبر
alas (f pl)	bāl-hā	بال ها
cola (f)	dam	دم
cabina (f)	kābin	کابین
motor (m)	motor	موتور
tren (m) de aterrizaje	šāssi	شاسی
turbina (f)	turbin	توربین
hélice (f)	parvāne	پروانه
caja (f) negra	ja'be-ye siyāh	جعبه سیاه
timón (m)	farmān	فرمان
combustible (m)	suxt	سوخت
instructivo (m) de seguridad	dasturol'amal	دستورالعمل
respirador (m) de oxígeno	māsk-e oksižen	ماسک اکسیژن
uniforme (m)	oniform	اونیفرم
chaleco (m) salvavidas	jeliqe-ye nejāt	جلیقۀ نجات
paracaídas (m)	čatr-e nejāt	چترنجات
despegue (m)	parvāz	پرواز
despegar (vi)	parvāz kardan	پرواز کردن
pista (f) de despegue	bānd-e forudgāh	باند فرودگاه
visibilidad (f)	meydān did	میدان دید
vuelo (m)	parvāz	پرواز
altura (f)	ertefā'	ارتفاع
pozo (m) de aire	čāle-ye havāyi	چاله هوایی
asiento (m)	jā	جا
auriculares (m pl)	guši	گوشی
mesita (f) plegable	sini-ye tāšow	سینی تاشو

| ventana (f) | panjere | پنجره |
| pasillo (m) | rāhrow | راهرو |

25. El tren

tren (m)	qatār	قطار
tren (m) de cercanías	qatār-e barqi	قطار برقی
tren (m) rápido	qatār-e sari'osseyr	قطارسریع السیر
locomotora (f) diésel	lokomotiv-e dizel	لوکوموتیو دیزل
tren (m) de vapor	lokomotiv-e boxar	لوکوموتیو بخار

| coche (m) | vāgon | واگن |
| coche (m) restaurante | vāgon-e resturān | واگن رستوران |

rieles (m pl)	reyl-hā	ریل ها
ferrocarril (m)	rāh āhan	راه آهن
traviesa (f)	reyl-e band	ریل بند

plataforma (f)	sakku-ye rāh-āhan	سکوی راه آهن
vía (f)	masir	مسیر
semáforo (m)	nešanar	نشانبر
estación (f)	istgāh	ایستگاه

maquinista (m)	rānande	راننده
maletero (m)	bārbar	باربر
mozo (m) del vagón	rāhnamā-ye qatār	راهنمای قطار
pasajero (m)	mosāfer	مسافر
revisor (m)	kontorol či	کنترل چی

| corredor (m) | rāhrow | راهرو |
| freno (m) de urgencia | tormoz-e ezterāri | ترمز اضطراری |

compartimiento (m)	kupe	کوپه
litera (f)	taxt-e kupe	تخت کوپه
litera (f) de arriba	taxt-e bālā	تخت بالا
litera (f) de abajo	taxt-e pāyin	تخت پایین
ropa (f) de cama	raxt-e xāb	رخت خواب

billete (m)	belit	بلیط
horario (m)	barnāme	برنامه
pantalla (f) de información	barnāme-ye zamāni	برنامه زمانی

partir (vi)	tark kardan	ترک کردن
partida (f) (del tren)	harekat	حرکت
llegar (tren)	residan	رسیدن
llegada (f)	vorud	ورود

llegar en tren	bā qatār āmadan	با قطار آمدن
tomar el tren	savār-e qatār šodan	سوار قطار شدن
bajar del tren	az qatār piyāde šodan	از قطار پیاده شدن

descarrilamiento (m)	sānehe	سانحه
descarrilarse (vr)	az xat xārej šodan	از خط خارج شدن
tren (m) de vapor	lokomotiv-e boxar	لوکوموتیو بخار
fogonero (m)	ātaškār	آتشکار
hogar (m)	ātašdān	آتشدان
carbón (m)	zoqāl sang	زغال سنگ

26. El barco

barco, buque (m)	kešti	کشتی
navío (m)	kešti	کشتی
buque (m) de vapor	kešti-ye boxāri	کشتی بخاری
motonave (f)	qāyeq-e rudxāne	قایق رودخانه
trasatlántico (m)	kešti-ye tafrihi	کشتی تفریحی
crucero (m)	razm nāv	رزم ناو
yate (m)	qāyeq-e tafrihi	قایق تفریحی
remolcador (m)	yadak keš	یدک کش
barcaza (f)	kešti-ye bārkeše yadaki	کشتی بارکش یدکی
ferry (m)	kešti-ye farābar	کشتی فرابر
velero (m)	kešti-ye bādbāni	کشتی بادبانی
bergantín (m)	košti dozdān daryā-yi	کشتی دزدان دریایی
rompehielos (m)	kešti-ye yaxšekan	کشتی یخ شکن
submarino (m)	zirdaryāyi	زیردریایی
bote (m) de remo	qāyeq	قایق
bote (m)	qāyeq-e tafrihi	قایق تفریحی
bote (m) salvavidas	qāyeq-e nejāt	قایق نجات
lancha (f) motora	qāyeq-e motori	قایق موتوری
capitán (m)	kāpitān	کاپیتان
marinero (m)	malavān	ملوان
marino (m)	malavān	ملوان
tripulación (f)	xadame	خدمه
contramaestre (m)	sar malavān	سر ملوان
grumete (m)	šāgerd-e malavān	شاگرد ملوان
cocinero (m) de abordo	āšpaz-e kešti	آشپز کشتی
médico (m) del buque	pezešk-e kešti	پزشک کشتی
cubierta (f)	arše-ye kešti	عرشهٔ کشتی
mástil (m)	dakal	دکل
vela (f)	bādbān	بادبان
bodega (f)	anbār	انبار
proa (f)	sine-ye kešti	سینه کشتی

popa (f)	aqab kešti	عقب کشتی
remo (m)	pāru	پارو
hélice (f)	parvāne	پروانه
camarote (m)	otāq-e kešti	اتاق کشتی
sala (f) de oficiales	otāq-e afsarān	اتاق افسران
sala (f) de máquinas	motor xāne	موتور خانه
puente (m) de mando	pol-e farmāndehi	پل فرماندهی
sala (f) de radio	kābin-e bisim	کابین بی سیم
onda (f)	mowj	موج
cuaderno (m) de bitácora	roxdād nāme	رخداد نامه
anteojo (m)	teleskop	تلسکوپ
campana (f)	nāqus	ناقوس
bandera (f)	parčam	پرچم
cabo (m) (maroma)	tanāb	طناب
nudo (m)	gereh	گره
pasamano (m)	narde	نرده
pasarela (f)	pol	پل
ancla (f)	langar	لنگر
levar ancla	langar kešidan	لنگر کشیدن
echar ancla	langar andāxtan	لنگر انداختن
cadena (f) del ancla	zanjir-e langar	زنجیر لنگر
puerto (m)	bandar	بندر
embarcadero (m)	eskele	اسکله
amarrar (vt)	pahlu gereftan	پهلو گرفتن
desamarrar (vt)	tark kardan	ترک کردن
viaje (m)	mosāferat	مسافرت
crucero (m) (viaje)	safar-e daryāyi	سفر دریایی
derrota (f) (rumbo)	masir	مسیر
itinerario (m)	masir	مسیر
canal (m) navegable	kešti-ye ru	کشتی رو
bajío (m)	mahall-e kam omq	محل کم عمق
encallar (vi)	be gel nešastan	به گل نشستن
tempestad (f)	tufān	طوفان
señal (f)	alāmat	علامت
hundirse (vr)	qarq šodan	غرق شدن
¡Hombre al agua!	kas-i dar hāl-e qarq šodan-ast!	کسی در حال غرق شدن است!
SOS	sos	SOS
aro (m) salvavidas	kamarband-e nejāt	کمربند نجات

LA CIUDAD

27. El transporte urbano
28. La ciudad. La vida en la ciudad
29. Las instituciones urbanas
30. Los avisos
31. Las compras

T&P Books Publishing

autobús (m)	otobus	اتوبوس
tranvía (m)	terāmvā	تراموا
trolebús (m)	otobus-e barqi	اتوبوس برقی
itinerario (m)	xat	خط
número (m)	šomāre	شماره
ir en …	raftan bā	رفتن با
tomar (~ el autobús)	savār šodan	سوار شدن
bajar (~ del tren)	piyāde šodan	پیاده شدن
parada (f)	istgāh-e otobus	ایستگاه اتوبوس
próxima parada (f)	istgāh-e ba'di	ایستگاه بعدی
parada (f) final	istgāh-e āxar	ایستگاه آخر
horario (m)	barnāme	برنامه
esperar (aguardar)	montazer budan	منتظر بودن
billete (m)	belit	بلیط
precio (m) del billete	qeymat-e belit	قیمت بلیت
cajero (m)	sanduqdār	صندوقدار
control (m) de billetes	kontorol-e belit	کنترل بلیط
revisor (m)	kontorol či	کنترل چی
llegar tarde (vi)	ta'xir dāštan	تأخیرداشتن
perder (~ el tren)	az dast dādan	از دست دادن
tener prisa	ajale kardan	عجله کردن
taxi (m)	tāksi	تاکسی
taxista (m)	rānande-ye tāksi	راننده تاکسی
en taxi	bā tāksi	با تاکسی
parada (f) de taxi	istgāh-e tāksi	ایستگاه تاکسی
llamar un taxi	tāksi gereftan	تاکسی گرفتن
tomar un taxi	tāksi gereftan	تاکسی گرفتن
tráfico (m)	obur-o morur	عبور و مرور
atasco (m)	terāfik	ترافیک
horas (f pl) de punta	sā'at-e šoluqi	ساعت شلوغی
aparcar (vi)	pārk kardan	پارک کردن
aparcar (vt)	pārk kardan	پارک کردن
aparcamiento (m)	pārking	پارکینگ
metro (m)	metro	مترو
estación (f)	istgāh	ایستگاه
ir en el metro	bā metro raftan	با مترو رفتن

tren (m)	qatār	قطار
estación (f)	istgāh-e rāh-e āhan	ایستگاه راه آهن

28. La ciudad. La vida en la ciudad

ciudad (f)	šahr	شهر
capital (f)	pāytaxt	پایتخت
aldea (f)	rustā	روستا
plano (m) de la ciudad	naqše-ye šahr	نقشهٔ شهر
centro (m) de la ciudad	markaz-e šahr	مرکز شهر
suburbio (m)	hume-ye šahr	حومهٔ شهر
suburbano (adj)	hume-ye šahr	حومهٔ شهر
arrabal (m)	hume	حومه
afueras (f pl)	hume	حومه
barrio (m)	mahalle	محله
zona (f) de viviendas	mahalle-ye maskuni	محلهٔ مسکونی
tráfico (m)	obur-o morur	عبور و مرور
semáforo (m)	čerāq-e rāhnamā	چراغ راهنما
transporte (m) urbano	haml-o naql-e šahri	حمل و نقل شهری
cruce (m)	čahārrāh	چهارراه
paso (m) de peatones	xatt-e āber-e piyāde	خط عابرپیاده
paso (m) subterráneo	zir-e gozar	زیر گذر
cruzar (vt)	obur kardan	عبور کردن
peatón (m)	piyāde	پیاده
acera (f)	piyāde row	پیاده رو
puente (m)	pol	پل
muelle (m)	xiyābān-e sāheli	خیابان ساحلی
fuente (f)	češme	چشمه
alameda (f)	bāq rāh	باغ راه
parque (m)	pārk	پارک
bulevar (m)	bolvār	بولوار
plaza (f)	meydān	میدان
avenida (f)	xiyābān	خیابان
calle (f)	xiyābān	خیابان
callejón (m)	kuče	کوچه
callejón (m) sin salida	bon bast	بن بست
casa (f)	xāne	خانه
edificio (m)	sāxtemān	ساختمان
rascacielos (m)	āsemānxarāš	آسمانخراش
fachada (f)	namā	نما
techo (m)	bām	بام
ventana (f)	panjere	پنجره

arco (m)	tāq-e qowsi	طاق قوسی
columna (f)	sotun	ستون
esquina (f)	nabš	نبش

escaparate (f)	vitrin	ویترین
letrero (m) (~ luminoso)	tāblo	تابلو
cartel (m)	poster	پوستر
cartel (m) publicitario	poster-e tabliqāti	پوستر تبلیغاتی
valla (f) publicitaria	bilbord	بیلبورد

basura (f)	āšqāl	آشغال
cajón (m) de basura	satl-e āšqāl	سطل آشغال
tirar basura	kasif kardan	کثیف کردن
basurero (m)	jā-ye dafn-e āšqāl	جای دفن آشغال

cabina (f) telefónica	kābin-e telefon	کابین تلفن
farola (f)	tir-e barq	تیر برق
banco (m) (del parque)	nimkat	نیمکت

policía (m)	polis	پلیس
policía (f) (~ nacional)	polis	پلیس
mendigo (m)	gedā	گدا
persona (f) sin hogar	bi xānomān	بی خانمان

29. Las instituciones urbanas

tienda (f)	maqāze	مغازه
farmacia (f)	dāruxāne	داروخانه
óptica (f)	eynak foruši	عینک فروشی
centro (m) comercial	markaz-e tejāri	مرکز تجاری
supermercado (m)	supermārket	سوپرمارکت

panadería (f)	nānvāyi	نانوایی
panadero (m)	nānvā	نانوا
pastelería (f)	qannādi	قنادی
tienda (f) de comestibles	baqqāli	بقالی
carnicería (f)	gušt foruši	گوشت فروشی

| verdulería (f) | sabzi foruši | سبزی فروشی |
| mercado (m) | bāzār | بازار |

cafetería (f)	kāfe	کافه
restaurante (m)	resturān	رستوران
cervecería (f)	bār	بار
pizzería (f)	pitzā-foruši	پیتزا فروشی

peluquería (f)	ārāyešgāh	آرایشگاه
oficina (f) de correos	post	پست
tintorería (f)	xošk-šuyi	خشک‌شویی
estudio (m) fotográfico	ātolye-ye akkāsi	آتلیۀ عکاسی

zapatería (f)	kafš foruši	کفش فروشی
librería (f)	ketāb-foruši	کتاب فروشی
tienda (f) deportiva	maqāze-ye varzeši	مغازهٔ ورزشی
arreglos (m pl) de ropa	ta'mir-e lebās	تعمیر لباس
alquiler (m) de ropa	kerāye-ye lebās	کرایهٔ لباس
videoclub (m)	kerāye-ye film	کرایهٔ فیلم
circo (m)	sīrak	سیرک
zoológico (m)	bāq-e vahš	باغ وحش
cine (m)	sinamā	سینما
museo (m)	muze	موزه
biblioteca (f)	ketābxāne	کتابخانه
teatro (m)	teātr	تئاتر
ópera (f)	operā	اپرا
club (m) nocturno	kābāre	کاباره
casino (m)	kāzino	کازینو
mezquita (f)	masjed	مسجد
sinagoga (f)	kenešt	کنشت
catedral (f)	kelisā-ye jāme'	کلیسای جامع
templo (m)	ma'bad	معبد
iglesia (f)	kelisā	کلیسا
instituto (m)	anistito	انستیتو
universidad (f)	dānešgāh	دانشگاه
escuela (f)	madrese	مدرسه
prefectura (f)	ostāndāri	استانداری
alcaldía (f)	šahrdāri	شهرداری
hotel (m)	hotel	هتل
banco (m)	bānk	بانک
embajada (f)	sefārat	سفارت
agencia (f) de viajes	āžāns-e jahāngardi	آژانس جهانگردی
oficina (f) de información	daftar-e ettelāāt	دفتر اطلاعات
oficina (f) de cambio	sarrāfi	صرافی
metro (m)	metro	مترو
hospital (m)	bimārestān	بیمارستان
gasolinera (f)	pomp-e benzin	پمپ بنزین
aparcamiento (m)	pārking	پارکینگ

30. Los avisos

letrero (m) (~ luminoso)	tāblo	تابلو
cartel (m) (texto escrito)	nevešte	نوشته
pancarta (f)	poster	پوستر

señal (m) de dirección	rāhnamā	راهنما
flecha (f) (signo)	alāmat	علامت
advertencia (f)	ehtiyāt	احتیاط
aviso (m)	alāmat-e hošdār	علامت هشدار
advertir (vt)	hošdār dādan	هشدار دادن
día (m) de descanso	ruz-e ta'til	روز تعطیل
horario (m)	jadval	جدول
horario (m) de apertura	sā'athā-ye kāri	ساعت های کاری
¡BIENVENIDOS!	xoš āmadid	خوش آمدید
ENTRADA	vorud	ورود
SALIDA	xoruj	خروج
EMPUJAR	hel dādan	هل دادن
TIRAR	bekešid	بکشید
ABIERTO	bāz	باز
CERRADO	baste	بسته
MUJERES	zanāne	زنانه
HOMBRES	mardāne	مردانه
REBAJAS	taxfif	تخفیف
SALDOS	harāj	حراج
NOVEDAD	jadid	جدید
GRATIS	majjāni	مجانی
¡ATENCIÓN!	tavajjoh	توجه
COMPLETO	otāq-e xāli nadārim	اتاق خالی نداریم
RESERVADO	rezerv šode	رزرو شده
ADMINISTRACIÓN	edāre	اداره
SÓLO PERSONAL AUTORIZADO	xāse personel	خاص پرسنل
CUIDADO CON EL PERRO	movāzeb-e sag bāšid	مواظب سگ باشید
PROHIBIDO FUMAR	sigār kešidan mamnu'	سیگار کشیدن ممنوع
NO TOCAR	dast nazanid	دست نزنید
PELIGROSO	xatarnāk	خطرناک
PELIGRO	xatar	خطر
ALTA TENSIÓN	voltāj bālā	ولتاژ بالا
PROHIBIDO BAÑARSE	šenā mamnu'	شنا ممنوع
NO FUNCIONA	xārāb	خراب
INFLAMABLE	qābel-e ehterāq	قابل احتراق
PROHIBIDO	mamnu'	ممنوع
PROHIBIDO EL PASO	obur mamnu'	عبور ممنوع
RECIÉN PINTADO	rang-e xis	رنگ خیس

31. Las compras

comprar (vt)	xarid kardan	خرید کردن
compra (f)	xarid	خرید
hacer compras	xarid kardan	خرید کردن
compras (f pl)	xarid	خرید

| estar abierto (tienda) | bāz budan | باز بودن |
| estar cerrado | baste budan | بسته بودن |

calzado (m)	kafš	کفش
ropa (f)	lebās	لباس
cosméticos (m pl)	lavāzem-e ārāyeši	لوازم آرایشی
productos alimenticios	mavādd-e qazāyi	مواد غذایی
regalo (m)	hedye	هدیه

| vendedor (m) | forušande | فروشنده |
| vendedora (f) | forušande-ye zan | فروشنده زن |

caja (f)	sanduq	صندوق
espejo (m)	āyene	آینه
mostrador (m)	pišxān	پیشخوان
probador (m)	otāq porov	اتاق پرو

probar (un vestido)	emtehān kardan	امتحان کردن
quedar (una ropa, etc.)	monāseb budan	مناسب بودن
gustar (vi)	dust dāštan	دوست داشتن

precio (m)	qeymat	قیمت
etiqueta (f) de precio	barčasb-e qeymat	برچسب قیمت
costar (vt)	qeymat dāštan	قیمت داشتن
¿Cuánto?	čeqadr?	چقدر؟
descuento (m)	taxfif	تخفیف

no costoso (adj)	arzān	ارزان
barato (adj)	arzān	ارزان
caro (adj)	gerān	گران
Es caro	gerān ast	گران است

alquiler (m)	kerāye	کرایه
alquilar (vt)	kerāye kardan	کرایه کردن
crédito (m)	vām	وام
a crédito (adv)	xarid-e e'tebāri	خرید اعتباری

LA ROPA Y LOS ACCESORIOS

32. La ropa exterior. Los abrigos
33. Ropa de hombre y mujer
34. La ropa. La ropa interior
35. Gorras
36. El calzado
37. Accesorios personales
38. La ropa. Miscelánea
39. Productos personales.
    Cosméticos
40. Los relojes

T&P Books Publishing

32. La ropa exterior. Los abrigos

ropa (f)	lebās	لباس
ropa (f) de calle	lebās-e ru	لباس رو
ropa (f) de invierno	lebās-e zemestāni	لباس زمستانی
abrigo (m)	pāltow	پالتو
abrigo (m) de piel	pālto-ye pustin	پالتوی پوستین
abrigo (m) corto de piel	kot-e pustin	کت پوستین
chaqueta (f) plumón	kāpšan	کاپشن
cazadora (f)	kot	کت
impermeable (m)	bārāni	بارانی
impermeable (adj)	zed-e āb	ضد آب

33. Ropa de hombre y mujer

camisa (f)	pirāhan	پیراهن
pantalones (m pl)	šalvār	شلوار
jeans, vaqueros (m pl)	jin	جین
chaqueta (f), saco (m)	kot	کت
traje (m)	kat-o šalvār	کت و شلوار
vestido (m)	lebās	لباس
falda (f)	dāman	دامن
blusa (f)	boluz	بلوز
rebeca (f), chaqueta (f) de punto	jeliqe-ye kešbāf	جلیقه کشباف
chaqueta (f)	kot	کت
camiseta (f) (T-shirt)	tey šarr-at	تی شرت
pantalones (m pl) cortos	šalvarak	شلوارک
traje (m) deportivo	lebās-e varzeši	لباس ورزشی
bata (f) de baño	howle-ye hamām	حوله حمام
pijama (m)	pižāme	پیژامه
suéter (m)	poliver	پلیور
pulóver (m)	poliver	پلیور
chaleco (m)	jeliqe	جلیقه
frac (m)	kat-e dāman gerd	کت دامن گرد
esmoquin (m)	esmoking	اسموکینگ
uniforme (m)	oniform	اونیفورم
ropa (f) de trabajo	lebās-e kār	لباس کار

mono (m)	rupuš	روپوش
bata (f) (p. ej. ~ blanca)	rupuš	روپوش

34. La ropa. La ropa interior

ropa (f) interior	lebās-e zir	لباس زیر
bóxer (m)	šort-e bākser	شورت باکسر
bragas (f pl)	šort-e zanāne	شورت زنانه
camiseta (f) interior	zir-e pirāhan-i	زیر پیراهنی
calcetines (m pl)	jurāb	جوراب
camisón (m)	lebās-e xāb	لباس خواب
sostén (m)	sine-ye band	سینه بند
calcetines (m pl) altos	sāq	ساق
pantimedias (f pl)	jurāb-e šalvāri	جوراب شلواری
medias (f pl)	jurāb-e sāqeboland	جوراب ساقه بلند
traje (m) de baño	māyo	مایو

35. Gorras

gorro (m)	kolāh	کلاه
sombrero (m) de fieltro	šāpo	شاپو
gorra (f) de béisbol	kolāh beysbāl	کلاه بیس بال
gorra (f) plana	kolāh-e taxt	کلاه تخت
boina (f)	kolāh barre	کلاه بره
capuchón (m)	kolāh-e bārāni	کلاه بارانی
panamá (m)	kolāh-e dowre-ye boland	کلاه دوره بلند
gorro (m) de punto	kolāh-e bāftani	کلاه بافتنی
pañuelo (m)	rusari	روسری
sombrero (m) de mujer	kolāh-e zanāne	کلاه زنانه
casco (m) (~ protector)	kolāh-e imeni	کلاه ایمنی
gorro (m) de campaña	kolāh-e pādegān	کلاه پادگان
casco (m) (~ de moto)	kolāh-e imeni	کلاه ایمنی
bombín (m)	kolāh-e namadi	کلاه نمدی
sombrero (m) de copa	kolāh-e ostovānei	کلاه استوانه ای

36. El calzado

calzado (m)	kafš	کفش
botas (f pl)	putin	پوتین
zapatos (m pl) (~ de tacón bajo)	kafš	کفش

| botas (f pl) altas | čakme | چکمه |
| zapatillas (f pl) | dampāyi | دمپایی |

tenis (m pl)	kafš katān-i	کفش کتانی
zapatillas (f pl) de lona	kafš katān-i	کفش کتانی
sandalias (f pl)	sandal	صندل

zapatero (m)	kaffāš	کفاش
tacón (m)	pāšne-ye kafš	پاشنهٔ کفش
par (m)	yek joft	یک جفت

cordón (m)	band-e kafš	بند کفش
encordonar (vt)	band-e kafš bastan	بند کفش بستن
calzador (m)	pāšne keš	پاشنه کش
betún (m)	vāks	واکس

37. Accesorios personales

guantes (m pl)	dastkeš	دستکش
manoplas (f pl)	dastkeš-e yek angošti	دستکش یک انگشتی
bufanda (f)	šāl-e gardan	شال گردن

gafas (f pl)	eynak	عینک
montura (f)	qāb	قاب
paraguas (m)	čatr	چتر
bastón (m)	asā	عصا
cepillo (m) de pelo	bores-e mu	برس مو
abanico (m)	bādbezan	بادبزن

corbata (f)	kerāvāt	کراوات
pajarita (f)	pāpiyon	پاپیون
tirantes (m pl)	band šalvār	بند شلوار
moquero (m)	dastmāl	دستمال

peine (m)	šāne	شانه
pasador (m) de pelo	sanjāq-e mu	سنجاق مو
horquilla (f)	sanjāq-e mu	سنجاق مو
hebilla (f)	sagak	سگک
cinturón (m)	kamarband	کمربند
correa (f) (de bolso)	tasme	تسمه
bolsa (f)	keyf	کیف
bolso (m)	keyf-e zanāne	کیف زنانه
mochila (f)	kule pošti	کولهٔ پشتی

38. La ropa. Miscelánea

| moda (f) | mod | مد |
| de moda (adj) | mod | مد |

diseñador (m) de moda	tarrāh-e lebas	طراح لباس
cuello (m)	yaqe	یقه
bolsillo (m)	jib	جیب
de bolsillo (adj)	jibi	جیبی
manga (f)	āstin	آستین
presilla (f)	band-e āviz	بند آویز
bragueta (f)	zip	زیپ
cremallera (f)	zip	زیپ
cierre (m)	sagak	سگک
botón (m)	dokme	دکمه
ojal (m)	surāx-e dokme	سوراخ دکمه
saltar (un botón)	kande šodan	کنده شدن
coser (vi, vt)	duxtan	دوختن
bordar (vt)	golduzi kardan	گلدوزی کردن
bordado (m)	golduzi	گلدوزی
aguja (f)	suzan	سوزن
hilo (m)	nax	نخ
costura (f)	darz	درز
ensuciarse (vr)	kasif šodan	کثیف شدن
mancha (f)	lakke	لکه
arrugarse (vr)	čoruk šodan	چروک شدن
rasgar (vt)	pāre kardan	پاره کردن
polilla (f)	šab parre	شب پره

39. Productos personales. Cosméticos

pasta (f) de dientes	xamir-e dandān	خمیر دندان
cepillo (m) de dientes	mesvāk	مسواک
limpiarse los dientes	mesvāk zadan	مسواک زدن
maquinilla (f) de afeitar	tiq	تیغ
crema (f) de afeitar	kerem-e riš tarāši	کرم ریش تراشی
afeitarse (vr)	riš tarāšidan	ریش تراشیدن
jabón (m)	sābun	صابون
champú (m)	šāmpu	شامپو
tijeras (f pl)	qeyči	قیچی
lima (f) de uñas	sohan-e nāxon	سوهان ناخن
cortaúñas (m pl)	nāxon gir	ناخن گیر
pinzas (f pl)	mučin	موچین
cosméticos (m pl)	lavāzem-e ārāyeši	لوازم آرایشی
mascarilla (f)	māsk	ماسک
manicura (f)	mānikur	مانیکور
hacer la manicura	mānikur kardan	مانیکور کردن
pedicura (f)	pedikur	پدیکور

bolsa (f) de maquillaje	kife lavāzem-e ārāyeši	کیف لوازم آرایشی
polvos (m pl)	pudr	پودر
polvera (f)	ja'be-ye pudr	جعبهٔ پودر
colorete (m), rubor (m)	sorxāb	سرخاب
perfume (m)	atr	عطر
agua (f) de tocador	atr	عطر
loción (f)	losiyon	لوسیون
agua (f) de Colonia	odkolon	اودکلن
sombra (f) de ojos	sāye-ye češm	سایه چشم
lápiz (m) de ojos	medād čašm	مداد چشم
rímel (m)	rimel	ریمل
pintalabios (m)	mātik	ماتیک
esmalte (m) de uñas	lāk-e nāxon	لاک ناخن
fijador (m) para el pelo	esperey-ye mu	اسپری مو
desodorante (m)	deodyrant	دئودورانت
crema (f)	kerem	کرم
crema (f) de belleza	kerem-e surat	کرم صورت
crema (f) de manos	kerem-e dast	کرم دست
crema (f) antiarrugas	kerem-e zedd-e čoruk	کرم ضد چروک
crema (f) de día	kerem-e ruz	کرم روز
crema (f) de noche	kerem-e šab	کرم شب
de día (adj)	ruzāne	روزانه
de noche (adj)	šab	شب
tampón (m)	tāmpon	تامپون
papel (m) higiénico	kāqaz-e tuālet	کاغذ توالت
secador (m) de pelo	sešovār	سشوار

40. Los relojes

reloj (m)	sā'at-e moči	ساعت مچی
esfera (f)	safhe-ye sā'at	صفحهٔ ساعت
aguja (f)	aqrabe	عقربه
pulsera (f)	band-e sāat	بند ساعت
correa (f) (del reloj)	band-e čarmi	بند چرمی
pila (f)	bātri	باطری
descargarse (vr)	tamām šodan bātri	تمام شدن باتری
cambiar la pila	bātri avaz kardan	باطری عوض کردن
adelantarse (vr)	jelo oftādan	جلو افتادن
retrasarse (vr)	aqab māndan	عقب ماندن
reloj (m) de pared	sā'at-e divāri	ساعت دیواری
reloj (m) de arena	sā'at-e šeni	ساعت شنی
reloj (m) de sol	sā'at-e āftābi	ساعت آفتابی
despertador (m)	sā'at-e zang dār	ساعت زنگ دار

| relojero (m) | sã'at sãz | ساعت ساز |
| reparar (vt) | ta'mir kardan | تعمیر کردن |

T&P BOOKS

LA EXPERIENCIA DIARIA

41. El dinero
42. La oficina de correos
43. La banca
44. El teléfono. Las conversaciones
telefónicas
45. El teléfono celular
46. Los artículos de escritorio.
La papelería
47. Los idiomas extranjeros

T&P Books Publishing

41. El dinero

dinero (m)	pul	پول
cambio (m)	tabdil-e arz	تبدیل ارز
curso (m)	nerx-e arz	نرخ ارز
cajero (m) automático	xodpardāz	خودپرداز
moneda (f)	sekke	سکه
dólar (m)	dolār	دلار
euro (m)	yuro	یورو
lira (f)	lire	لیره
marco (m) alemán	mārk	مارک
franco (m)	farānak	فرانک
libra esterlina (f)	pond-e esterling	پوند استرلینگ
yen (m)	yen	ین
deuda (f)	qarz	قرض
deudor (m)	bedehkār	بدهکار
prestar (vt)	qarz dādan	قرض دادن
tomar prestado	qarz gereftan	قرض گرفتن
banco (m)	bānk	بانک
cuenta (f)	hesāb-e bānki	حساب بانکی
ingresar (~ en la cuenta)	rixtan	ریختن
ingresar en la cuenta	be hesāb rixtan	به حساب ریختن
sacar de la cuenta	az hesāb bardāštan	از حساب برداشتن
tarjeta (f) de crédito	kārt-e e'tebāri	کارت اعتباری
dinero (m) en efectivo	pul-e naqd	پول نقد
cheque (m)	ček	چک
sacar un cheque	ček neveštan	چک نوشتن
talonario (m)	daste-ye ček	دسته چک
cartera (f)	kif-e pul	کیف پول
monedero (m)	kif-e pul	کیف پول
caja (f) fuerte	gāvsanduq	گاوصندوق
heredero (m)	vāres	وارث
herencia (f)	mirās	میراث
fortuna (f)	dārāyi	دارایی
arriendo (m)	ejāre	اجاره
alquiler (m) (dinero)	kerāye-ye xāne	کرایۀ خانه
alquilar (~ una casa)	ejāre kardan	اجاره کردن
precio (m)	qeymat	قیمت

| coste (m) | arzeš | ارزش |
| suma (f) | jam'-e kol | جمع کل |

gastar (vt)	xarj kardan	خرج کردن
gastos (m pl)	maxārej	مخارج
economizar (vi, vt)	sarfeju-yi kardan	صرفه جویی کردن
económico (adj)	maqrun besarfe	مقرون به صرفه

pagar (vi, vt)	pardāxtan	پرداختن
pago (m)	pardāxt	پرداخت
cambio (m) (devolver el ~)	pul-e xerad	پول خرد

impuesto (m)	māliyāt	مالیات
multa (f)	jarime	جریمه
multar (vt)	jarime kardan	جریمه کردن

42. La oficina de correos

oficina (f) de correos	post	پست
correo (m) (cartas, etc.)	post	پست
cartero (m)	nāme resān	نامه رسان
horario (m) de apertura	sā'athā-ye kāri	ساعت های کاری

carta (f)	nāme	نامه
carta (f) certificada	nāme-ye sefāreši	نامه سفارشی
tarjeta (f) postal	kārt-e postāl	کارت پستال
telegrama (m)	telegrām	تلگرام
paquete (m) postal	baste posti	بسته پستی
giro (m) postal	havāle	حواله

recibir (vt)	gereftan	گرفتن
enviar (vt)	ferestādan	فرستادن
envío (m)	ersāl	ارسال
dirección (f)	nešāni	نشانی
código (m) postal	kod-e posti	کد پستی
expedidor (m)	ferestande	فرستنده
destinatario (m)	girande	گیرنده

| nombre (m) | esm | اسم |
| apellido (m) | nām-e xānevādegi | نام خانوادگی |

tarifa (f)	ta'refe	تعرفه
ordinario (adj)	ādi	عادی
económico (adj)	ādi	عادی

peso (m)	vazn	وزن
pesar (~ una carta)	vazn kardan	وزن کردن
sobre (m)	pākat	پاکت
sello (m)	tambr	تمبر
poner un sello	tamr zadan	تمبر زدن

43. La banca

banco (m)	bānk	بانک
sucursal (f)	šo'be	شعبه
consultor (m)	mošāver	مشاور
gerente (m)	modir	مدیر
cuenta (f)	hesāb-e bānki	حساب بانکی
numero (m) de la cuenta	šomāre-ye hesāb	شمارهٔ حساب
cuenta (f) corriente	hesāb-e jāri	حساب جاری
cuenta (f) de ahorros	hesāb-e pasandāz	حساب پس انداز
abrir una cuenta	hesāb-e bāz kardan	حساب باز کردن
cerrar la cuenta	hesāb rā bastan	حساب را بستن
ingresar en la cuenta	be hesāb rixtan	به حساب ریختن
sacar de la cuenta	az hesāb bardāštan	از حساب برداشتن
depósito (m)	seporde	سپرده
hacer un depósito	seporde gozāštan	سپرده گذاشتن
giro (m) bancario	enteqāl	انتقال
hacer un giro	enteqāl dādan	انتقال دادن
suma (f)	jam'-e kol	جمع کل
¿Cuánto?	čeqadr?	چقدر؟
firma (f) (nombre)	emzā'	امضاء
firmar (vt)	emzā kardan	امضا کردن
tarjeta (f) de crédito	kārt-e e'tebāri	کارت اعتباری
código (m)	kod	کد
número (m) de tarjeta de crédito	šomāre-ye kārt-e e'tebāri	شماره کارت اعتباری
cajero (m) automático	xodpardāz	خودپرداز
cheque (m)	ček	چک
sacar un cheque	ček neveštan	چک نوشتن
talonario (m)	daste-ye ček	دسته چک
crédito (m)	e'tebār	اعتبار
pedir el crédito	darxāst-e vam kardan	درخواست وام کردن
obtener un crédito	vām gereftan	وام گرفتن
conceder un crédito	vām dādan	وام دادن
garantía (f)	zemānat	ضمانت

44. El teléfono. Las conversaciones telefónicas

teléfono (m)	telefon	تلفن
teléfono (m) móvil	telefon-e hamrāh	تلفن همراه

contestador (m)	monši-ye telefoni	منشی تلفنی
llamar, telefonear	telefon zadan	تلفن زدن
llamada (f)	tamās-e telefoni	تماس تلفنی

marcar un número	šomāre gereftan	شماره گرفتن
¿Sí?, ¿Dígame?	alo!	الو!
preguntar (vt)	porsidan	پرسیدن
responder (vi, vt)	javāb dādan	جواب دادن

oír (vt)	šenidan	شنیدن
bien (adv)	xub	خوب
mal (adv)	bad	بد
ruidos (m pl)	sedā	صدا

auricular (m)	guši	گوشی
descolgar (el teléfono)	guši rā bar dāštan	گوشی را برداشتن
colgar el auricular	guši rā gozāštan	گوشی را گذاشتن

ocupado (adj)	mašqul	مشغول
sonar (teléfono)	zang zadan	زنگ زدن
guía (f) de teléfonos	daftar-e telefon	دفتر تلفن

local (adj)	mahalli	محلی
llamada (f) local	telefon-e dāxeli	تلفن داخلی
de larga distancia	beyn-e šahri	بین شهری
llamada (f) de larga distancia	telefon-e beyn-e šahri	تلفن بین شهری

| internacional (adj) | beynolmelali | بین المللی |
| llamada (f) internacional | telefon-e beynolmelali | تلفن بین المللی |

45. El teléfono celular

teléfono (m) móvil	telefon-e hamrāh	تلفن همراه
pantalla (f)	namāyešgar	نمایشگر
botón (m)	dokme	دکمه
tarjeta SIM (f)	sim-e kārt	سیم کارت

pila (f)	bātri	باطری
descargarse (vr)	tamām šodan bātri	تمام شدن باتری
cargador (m)	šāržer	شارژ

menú (m)	meno	منو
preferencias (f pl)	tanzimāt	تنظیمات
melodía (f)	āhang	آهنگ
seleccionar (vt)	entexāb kardan	انتخاب کردن

calculadora (f)	māšin-e hesāb	ماشین حساب
contestador (m)	monši-ye telefoni	منشی تلفنی
despertador (m)	sā'at-e zang dār	ساعت زنگ دار
contactos (m pl)	daftar-e telefon	دفتر تلفن

mensaje (m) de texto	payāmak	پیامک
abonado (m)	moštarek	مشترک

46. Los artículos de escritorio. La papelería

bolígrafo (m)	xodkār	خودکار
pluma (f) estilográfica	xodnevis	خودنویس

lápiz (m)	medād	مداد
marcador (m)	māžik	ماژیک
rotulador (m)	māžik	ماژیک

bloc (m) de notas	daftar-e yāddāšt	دفتر یادداشت
agenda (f)	daftar-e yāddāšt	دفتر یادداشت

regla (f)	xat keš	خط کش
calculadora (f)	māšin-e hesāb	ماشین حساب
goma (f) de borrar	pāk kon	پاک کن
chincheta (f)	punez	پونز
clip (m)	gire	گیره

cola (f), pegamento (m)	časb	چسب
grapadora (f)	mangane-ye zan	منگنه زن
perforador (m)	pānč	پانچ
sacapuntas (m)	madād-e tarāš	مداد تراش

47. Los idiomas extranjeros

lengua (f)	zabān	زبان
extranjero (adj)	xāreji	خارجی
lengua (f) extranjera	zabān-e xāreji	زبان خارجی
estudiar (vt)	dars xāndan	درس خواندن
aprender (ingles, etc.)	yād gereftan	یاد گرفتن

leer (vi, vt)	xāndan	خواندن
hablar (vi, vt)	harf zadan	حرف زدن
comprender (vt)	fahmidan	فهمیدن
escribir (vt)	neveštan	نوشتن

rápidamente (adv)	sariʿ	سریع
lentamente (adv)	āheste	آهسته
con fluidez (adv)	ravān	روان

reglas (f pl)	qavāʿed	قواعد
gramática (f)	gerāmer	گرامر
vocabulario (m)	vājegān	واژگان
fonética (f)	āvā-šenāsi	آواشناسی
manual (m)	ketāb-e darsi	کتاب درسی

diccionario (m)	farhang-e loqat	فرهنگ لغت
manual (m) autodidáctico	xod-āmuz	خودآموز
guía (f) de conversación	ketāb-e mokāleme	کتاب مکالمه
casete (m)	kāst	کاست
videocasete (f)	kāst-e video	کاست ویدئو
disco compacto, CD (m)	si-di	سیدی
DVD (m)	dey vey dey	دی وی دی
alfabeto (m)	alefbā	الفبا
deletrear (vt)	heji kardan	هجی کردن
pronunciación (f)	talaffoz	تلفظ
acento (m)	lahje	لهجه
con acento	bā lahje	با لهجه
sin acento	bi lahje	بی لهجه
palabra (f)	kalame	کلمه
significado (m)	ma'ni	معنی
cursos (m pl)	dowre	دوره
inscribirse (vr)	nām-nevisi kardan	نام نویسی کردن
profesor (m) (~ de inglés)	ostād	استاد
traducción (f) (proceso)	tarjome	ترجمه
traducción (f) (texto)	tarjome	ترجمه
traductor (m)	motarjem	مترجم
intérprete (m)	motarjem-e šafāhi	مترجم شفاهی
políglota (m)	čand zabāni	چند زبانی
memoria (f)	hāfeze	حافظه

LAS COMIDAS.
EL RESTAURANTE

48. Los cubiertos
49. El restaurante
50. Las comidas
51. Los platos
52. La comida
53. Las bebidas
54. Las verduras
55. Las frutas. Las nueces
56. El pan. Los dulces
57. Las especias

T&P Books Publishing

48. Los cubiertos

cuchara (f)	qāšoq	قاشق
cuchillo (m)	kārd	کارد
tenedor (m)	čangāl	چنگال
taza (f)	fenjān	فنجان
plato (m)	bošqāb	بشقاب
platillo (m)	na'lbeki	نعلبکی
servilleta (f)	dastmāl	دستمال
mondadientes (m)	xelāl-e dandān	خلال دندان

49. El restaurante

restaurante (m)	resturān	رستوران
cafetería (f)	kāfe	کافه
bar (m)	bār	بار
salón (m) de té	qahve xāne	قهوه خانه
camarero (m)	pišxedmat	پیشخدمت
camarera (f)	pišxedmat	پیشخدمت
barman (m)	motesaddi-ye bār	متصدی بار
carta (f), menú (m)	meno	منو
carta (f) de vinos	kārt-e šarāb	کارت شراب
reservar una mesa	miz rezerv kardan	میز رزرو کردن
plato (m)	qazā	غذا
pedir (vt)	sefāreš dādan	سفارش دادن
hacer un pedido	sefāreš dādan	سفارش دادن
aperitivo (m)	mašrub-e piš qazā	مشروب پیش غذا
entremés (m)	piš qazā	پیش غذا
postre (m)	deser	دسر
cuenta (f)	surat hesāb	صورت حساب
pagar la cuenta	surat-e hesāb rā pardāxtan	صورت حساب را پرداختن
dar la vuelta	baqiye rā dādan	بقیه را دادن
propina (f)	an'ām	انعام

50. Las comidas

comida (f)	qazā	غذا
comer (vi, vt)	xordan	خوردن
desayuno (m)	sobhāne	صبحانه
desayunar (vi)	sobhāne xordan	صبحانه خوردن
almuerzo (m)	nāhār	ناهار
almorzar (vi)	nāhār xordan	ناهار خوردن
cena (f)	šām	شام
cenar (vi)	šām xordan	شام خوردن
apetito (m)	eštehā	اشتها
¡Que aproveche!	nuš-e jān	نوش جان
abrir (vt)	bāz kardan	باز کردن
derramar (líquido)	rixtan	ریختن
derramarse (líquido)	rixtan	ریختن
hervir (vi)	jušidan	جوشیدن
hervir (vt)	jušāndan	جوشاندن
hervido (agua ~a)	jušide	جوشیده
enfriar (vt)	sard kardan	سرد کردن
enfriarse (vr)	sard šodan	سرد شدن
sabor (m)	maze	مزه
regusto (m)	maze	مزه
adelgazar (vi)	lāqar kardan	لاغر کردن
dieta (f)	režim	رژیم
vitamina (f)	vitāmin	ویتامین
caloría (f)	kālori	کالری
vegetariano (m)	giyāh xār	گیاه خوار
vegetariano (adj)	giyāh xāri	گیاه خواری
grasas (f pl)	čarbi-hā	چربی ها
proteínas (f pl)	porotein	پروتئین
carbohidratos (m pl)	karbohidrāt-hā	کربو هیدرات ها
loncha (f)	qetʿe	قطعه
pedazo (m)	tekke	تکه
miga (f)	zarre	ذره

51. Los platos

plato (m)	qazā	غذا
cocina (f)	qazā	غذا
receta (f)	dastur-e poxt	دستور پخت
porción (f)	pors	پرس

| ensalada (f) | sālād | سالاد |
| sopa (f) | sup | سوپ |

caldo (m)	pāye-ye sup	پایه سوپ
bocadillo (m)	sāndevič	ساندویچ
huevos (m pl) fritos	nimru	نیمرو

| hamburguesa (f) | hamberger | همبرگر |
| bistec (m) | esteyk | استیک |

guarnición (f)	moxallafāt	مخلفات
espagueti (m)	espāgeti	اسپاگتی
puré (m) de patatas	pure-ye sibi zamini	پورهٔ سیب زمینی
pizza (f)	pitzā	پیتزا
gachas (f pl)	šurbā	شوربا
tortilla (f) francesa	ommol-at	املت

cocido en agua (adj)	āb paz	آب پز
ahumado (adj)	dudi	دودی
frito (adj)	sorx šode	سرخ شده
seco (adj)	xošk	خشک
congelado (adj)	yax zade	یخ زده
marinado (adj)	torši	ترشی

azucarado, dulce (adj)	širin	شیرین
salado (adj)	šur	شور
frío (adj)	sard	سرد
caliente (adj)	dāq	داغ
amargo (adj)	talx	تلخ
sabroso (adj)	xoš mazze	خوش مزه

cocer en agua	poxtan	پختن
preparar (la cena)	poxtan	پختن
freír (vt)	sorx kardan	سرخ کردن
calentar (vt)	garm kardan	گرم کردن

salar (vt)	namak zadan	نمک زدن
poner pimienta	felfel pāšidan	فلفل پاشیدن
rallar (vt)	rande kardan	رنده کردن
piel (f)	pust	پوست
pelar (vt)	pust kandan	پوست کندن

52. La comida

carne (f)	gušt	گوشت
gallina (f)	morq	مرغ
pollo (m)	juje	جوجه
pato (m)	ordak	اردک
ganso (m)	qāz	غاز
caza (f) menor	gušt-e šekār	گوشت شکار

pava (f)	gušt-e buqalamun	گوشت بوقلمون
carne (f) de cerdo	gušt-e xuk	گوشت خوک
carne (f) de ternera	gušt-e gusāle	گوشت گوساله
carne (f) de carnero	gušt-e gusfand	گوشت گوسفند
carne (f) de vaca	gušt-e gāv	گوشت گاو
conejo (m)	xarguš	خرگوش
salchichón (m)	kālbās	کالباس
salchicha (f)	sosis	سوسیس
beicon (m)	beykon	بیکن
jamón (m)	žāmbon	ژامبون
jamón (m) fresco	rān xuk	ران خوک
paté (m)	pāte	پاته
hígado (m)	jegar	جگر
carne (f) picada	hamberger	همبرگر
lengua (f)	zabān	زبان
huevo (m)	toxm-e morq	تخم مرغ
huevos (m pl)	toxm-e morq-ha	تخم مرغ ها
clara (f)	sefide-ye toxm-e morq	سفیده تخم مرغ
yema (f)	zarde-ye toxm-e morq	زرده تخم مرغ
pescado (m)	māhi	ماهی
mariscos (m pl)	qazā-ye daryāyi	غذای دریایی
crustáceos (m pl)	saxtpustān	سختپوستان
caviar (m)	xāviār	خاویار
cangrejo (m) de mar	xarčang	خرچنگ
camarón (m)	meygu	میگو
ostra (f)	sadaf-e xorāki	صدف خوراکی
langosta (f)	xarčang-e xārdār	خرچنگ خاردار
pulpo (m)	hašt pā	هشت پا
calamar (m)	māhi-ye morakkab	ماهی مرکب
esturión (m)	māhi-ye xāviār	ماهی خاویار
salmón (m)	māhi-ye salemon	ماهی سالمون
fletán (m)	halibut	هالیبوت
bacalao (m)	māhi-ye rowqan	ماهی روغن
caballa (f)	māhi-ye esqumeri	ماهی اسقومری
atún (m)	tan māhi	تن ماهی
anguila (f)	mārmāhi	مارماهی
trucha (f)	māhi-ye qezelālā	ماهی قزل آلا
sardina (f)	sārdin	ساردین
lucio (m)	ordak māhi	اردک ماهی
arenque (m)	māhi-ye šur	ماهی شور
pan (m)	nān	نان
queso (m)	panir	پنیر
azúcar (m)	qand	قند

sal (f)	namak	نمک
arroz (m)	berenj	برنج
macarrones (m pl)	mākāroni	ماکارونی
tallarines (m pl)	rešte-ye farangi	رشته فرنگی
mantequilla (f)	kare	کره
aceite (m) vegetal	rowqan-e nabāti	روغن نباتی
aceite (m) de girasol	rowqan āftābgardān	روغن آفتاب گردان
margarina (f)	mārgārin	مارگارین
olivas, aceitunas (f pl)	zeytun	زیتون
aceite (m) de oliva	rowqan-e zeytun	روغن زیتون
leche (f)	šir	شیر
leche (f) condensada	šir-e čegāl	شیر چگال
yogur (m)	mās-at	ماست
nata (f) agria	xāme-ye torš	خامۀ ترش
nata (f) líquida	saršir	سرشیر
mayonesa (f)	māyonez	مایونز
crema (f) de mantequilla	xāme	خامه
cereales (m pl) integrales	hobubāt	حبوبات
harina (f)	ārd	آرد
conservas (f pl)	konserv-hā	کنسرو ها
copos (m pl) de maíz	bereštuk	برشتوک
miel (f)	asal	عسل
confitura (f)	morabbā	مربا
chicle (m)	ādāms	آدامس

53. Las bebidas

agua (f)	āb	آب
agua (f) potable	āb-e āšāmidani	آب آشامیدنی
agua (f) mineral	āb-e ma'dani	آب معدنی
sin gas	bedun-e gāz	بدون گاز
gaseoso (adj)	gāzdār	گازدار
con gas	gāzdār	گازدار
hielo (m)	yax	یخ
con hielo	yax dār	یخ دار
sin alcohol	bi alkol	بی الکل
bebida (f) sin alcohol	nušābe-ye bi alkol	نوشابۀ بی الکل
refresco (m)	nušābe-ye xonak	نوشابۀ خنک
limonada (f)	limunād	لیموناد
bebidas (f pl) alcohólicas	mašrubāt-e alkoli	مشروبات الکلی
vino (m)	šarāb	شراب

vino (m) blanco	šarāb-e sefid	شراب سفید
vino (m) tinto	šarāb-e sorx	شراب سرخ
licor (m)	likor	لیکور
champaña (f)	šāmpāyn	شامپاین
vermú (m)	vermut	ورموت
whisky (m)	viski	ویسکی
vodka (m)	vodkā	ودکا
ginebra (f)	jin	جین
coñac (m)	konyāk	کنیاک
ron (m)	araq-e neyšekar	عرق نیشکر
café (m)	qahve	قهوه
café (m) solo	qahve-ye talx	قهوهٔ تلخ
café (m) con leche	šir-qahve	شیرقهوه
capuchino (m)	kāpočino	کاپوچینو
café (m) soluble	qahve-ye fowri	قهوه فوری
leche (f)	šir	شیر
cóctel (m)	kuktel	کوکتل
batido (m)	kuktele šir	کوکتل شیر
zumo (m), jugo (m)	āb-e mive	آب میوه
jugo (m) de tomate	āb-e gowjefarangi	آب گوجه فرنگی
zumo (m) de naranja	āb-e porteqāl	آب پرتقال
zumo (m) fresco	āb-e mive-ye taze	آب میوهٔ تازه
cerveza (f)	ābejow	آبجو
cerveza (f) rubia	ābejow-ye sabok	آبجوی سبک
cerveza (f) negra	ābejow-ye tire	آبجوی تیره
té (m)	čāy	چای
té (m) negro	čāy-e siyāh	چای سیاه
té (m) verde	čāy-e sabz	چای سبز

54. Las verduras

legumbres (f pl)	sabzijāt	سبزیجات
verduras (f pl)	sabzi	سبزی
tomate (m)	gowje farangi	گوجه فرنگی
pepino (m)	xiyār	خیار
zanahoria (f)	havij	هویج
patata (f)	sib zamini	سیب زمینی
cebolla (f)	piyāz	پیاز
ajo (m)	sir	سیر
col (f)	kalam	کلم
coliflor (f)	gol kalam	گل کلم

| col (f) de Bruselas | koll-am boruksel | كلم بروكسل |
| brócoli (m) | kalam borokli | كلم بروكلی |

remolacha (f)	čoqondar	چغندر
berenjena (f)	bādenjān	بادنجان
calabacín (m)	kadu sabz	كدو سبز
calabaza (f)	kadu tanbal	كدو تنبل
nabo (m)	šalqam	شلغم

perejil (m)	ja'fari	جعفری
eneldo (m)	šavid	شويد
lechuga (f)	kāhu	كاهو
apio (m)	karafs	كرفس
espárrago (m)	mārčube	مارچوبه
espinaca (f)	esfenāj	اسفناج

guisante (m)	noxod	نخود
habas (f pl)	lubiyā	لوبيا
maíz (m)	zorrat	ذرت
fréjol (m)	lubiyā qermez	لوبيا قرمز

pimiento (m) dulce	felfel	فلفل
rábano (m)	torobče	تربچه
alcachofa (f)	kangar farangi	كنگرفرنگی

55. Las frutas. Las nueces

fruto (m)	mive	ميوه
manzana (f)	sib	سيب
pera (f)	golābi	گلابی
limón (m)	limu	ليمو
naranja (f)	porteqāl	پرتقال
fresa (f)	tut-e farangi	توت فرنگی

mandarina (f)	nārengi	نارنگی
ciruela (f)	ālu	آلو
melocotón (m)	holu	هلو
albaricoque (m)	zardālu	زردآلو
frambuesa (f)	tamešk	تمشک
piña (f)	ānānās	آناناس

banana (f)	mowz	موز
sandía (f)	hendevāne	هندوانه
uva (f)	angur	انگور
guinda (f)	ālbālu	آلبالو
cereza (f)	gilās	گيلاس
melón (m)	xarboze	خربزه

| pomelo (m) | gerip forut | گريپ فوروت |
| aguacate (m) | āvokādo | اووكادو |

papaya (f)	pāpāyā	پاپایا
mango (m)	anbe	انبه
granada (f)	anār	انار

grosella (f) roja	angur-e farangi-ye sorx	انگور فرنگی سرخ
grosella (f) negra	angur-e farangi-ye siyāh	انگور فرنگی سیاه
grosella (f) espinosa	angur-e farangi	انگور فرنگی
arándano (m)	zoqāl axte	زغال اخته
zarzamoras (f pl)	šāh tut	شاه توت

pasas (f pl)	kešmeš	کشمش
higo (m)	anjir	انجیر
dátil (m)	xormā	خرما

cacahuete (m)	bādām zamin-i	بادام زمینی
almendra (f)	bādām	بادام
nuez (f)	gerdu	گردو
avellana (f)	fandoq	فندق
nuez (f) de coco	nārgil	نارگیل
pistachos (m pl)	peste	پسته

56. El pan. Los dulces

pasteles (m pl)	širini jāt	شیرینی جات
pan (m)	nān	نان
galletas (f pl)	biskuit	بیسکوییت

chocolate (m)	šokolāt	شکلات
de chocolate (adj)	šokolāti	شکلاتی
caramelo (m)	āb nabāt	آب نبات
tarta (f) (pequeña)	nān-e širini	نان شیرینی
tarta (f) (~ de cumpleaños)	širini	شیرینی

tarta (f) (~ de manzana)	keyk	کیک
relleno (m)	čāšni	چاشنی

confitura (f)	morabbā	مربا
mermelada (f)	mārmālād	مارمالاد
gofre (m)	vāfel	وافل
helado (m)	bastani	بستنی
pudin (m)	puding	پودینگ

57. Las especias

sal (f)	namak	نمک
salado (adj)	šur	شور
salar (vt)	namak zadan	نمک زدن
pimienta (f) negra	felfel-e siyāh	فلفل سیاه

pimienta (f) roja	felfel-e sorx	فلفل سرخ
mostaza (f)	xardal	خردل
rábano (m) picante	torob-e kuhi	ترب کوهی
condimento (m)	adviye	ادویه
especia (f)	adviye	ادویه
salsa (f)	ses	سس
vinagre (m)	serke	سرکه
anís (m)	rāziyāne	رازیانه
albahaca (f)	reyhān	ریحان
clavo (m)	mixak	میخک
jengibre (m)	zanjefil	زنجفیل
cilantro (m)	gešniz	گشنیز
canela (f)	dārčin	دارچین
sésamo (m)	konjed	کنجد
hoja (f) de laurel	barg-e bu	برگ بو
paprika (f)	paprika	پاپریکا
comino (m)	zire	زیره
azafrán (m)	za'ferān	زعفران

LA INFORMACIÓN PERSONAL. LA FAMILIA

58. La información personal.
    Los formularios
59. Los familiares. Los parientes
60. Los amigos. Los compañeros
    del trabajo

T&P Books Publishing

58. La información personal. Los formularios

nombre (m)	esm	اسم
apellido (m)	nām-e xānevādegi	نام خانوادگی
fecha (f) de nacimiento	tārix-e tavallod	تاریخ تولد
lugar (m) de nacimiento	mahall-e tavallod	محل تولد
nacionalidad (f)	melliyat	ملیت
domicilio (m)	mahall-e sokunat	محل سکونت
país (m)	kešvar	کشور
profesión (f)	šoql	شغل
sexo (m)	jens	جنس
estatura (f)	qad	قد
peso (m)	vazn	وزن

59. Los familiares. Los parientes

madre (f)	mādar	مادر
padre (m)	pedar	پدر
hijo (m)	pesar	پسر
hija (f)	doxtar	دختر
hija (f) menor	doxtar-e kučak	دختر کوچک
hijo (m) menor	pesar-e kučak	پسر کوچک
hija (f) mayor	doxtar-e bozorg	دختر بزرگ
hijo (m) mayor	pesar-e bozorg	پسر بزرگ
hermano (m)	barādar	برادر
hermano (m) mayor	barādar-e bozorg	برادر بزرگ
hermano (m) menor	barādar-e kučak	برادر کوچک
hermana (f)	xāhar	خواهر
hermana (f) mayor	xāhar-e bozorg	خواهر بزرگ
hermana (f) menor	xāhar-e kučak	خواهر کوچک
primo (m)	pesar 'amu	پسر عمو
prima (f)	doxtar amu	دخترعمو
mamá (f)	māmān	مامان
papá (m)	bābā	بابا
padres (pl)	vāledeyn	والدین
niño -a (m, f)	kudak	کودک
niños (pl)	bače-hā	بچه ها
abuela (f)	mādarbozorg	مادربزرگ

abuelo (m)	pedar-bozorg	پدربزرگ
nieto (m)	nave	نوه
nieta (f)	nave	نوه
nietos (pl)	nave-hā	نوه ها
tío (m)	amu	عمو
tía (f)	xāle yā amme	خاله یا عمه
sobrino (m)	barādar-zāde	برادرزاده
sobrina (f)	xāhar-zāde	خواهرزاده
suegra (f)	mādarzan	مادرزن
suegro (m)	pedar-šowhar	پدرشوهر
yerno (m)	dāmād	داماد
madrastra (f)	nāmādari	نامادری
padrastro (m)	nāpedari	ناپدری
niño (m) de pecho	nowzād	نوزاد
bebé (m)	širxār	شیرخوار
chico (m)	pesar-e kučulu	پسر کوچولو
mujer (f)	zan	زن
marido (m)	šowhar	شوهر
esposo (m)	hamsar	همسر
esposa (f)	hamsar	همسر
casado (adj)	mote'ahhel	متاهل
casada (adj)	mote'ahhel	متاهل
soltero (adj)	mojarrad	مجرد
soltero (m)	mojarrad	مجرد
divorciado (adj)	talāq gerefte	طلاق گرفته
viuda (f)	bive zan	بیوه زن
viudo (m)	bive	بیوه
pariente (m)	xišāvand	خویشاوند
pariente (m) cercano	aqvām-e nazdik	اقوام نزدیک
pariente (m) lejano	aqvām-e dur	اقوام دور
parientes (pl)	aqvām	اقوام
huérfano (m), huérfana (f)	yatim	یتیم
tutor (m)	qayyem	قیم
adoptar (un niño)	be pesari gereftan	به پسری گرفتن
adoptar (una niña)	be doxtari gereftan	به دختری گرفتن

60. Los amigos. Los compañeros del trabajo

amigo (m)	dust	دوست
amiga (f)	dust	دوست
amistad (f)	dusti	دوستی
ser amigo	dust budan	دوست بودن
amigote (m)	rafiq	رفیق

amiguete (f)	rafiq	رفيق
compañero (m)	šarik	شريک
jefe (m)	ra'is	رئيس
superior (m)	ra'is	رئيس
propietario (m)	sāheb	صاحب
subordinado (m)	zirdast	زيردست
colega (m, f)	hamkār	همكار
conocido (m)	āšnā	آشنا
compañero (m) de viaje	hamsafar	همسفر
condiscípulo (m)	ham kelās	هم كلاس
vecino (m)	hamsāye	همسايه
vecina (f)	hamsāye	همسايه
vecinos (pl)	hamsāye-hā	همسايه ها

T&P BOOKS

EL CUERPO. LA MEDICINA

61. La cabeza
62. El cuerpo
63. Las enfermedades
64. Los síntomas. Los tratamientos. Unidad 1
65. Los síntomas. Los tratamientos. Unidad 2
66. Los síntomas. Los tratamientos. Unidad 3
67. La medicina. Las drogas. Los accesorios

T&P Books Publishing

61. La cabeza

cabeza (f)	sar	سر
cara (f)	surat	صورت
nariz (f)	bini	بینی
boca (f)	dahān	دهان
ojo (m)	češm	چشم
ojos (m pl)	češm-hā	چشم ها
pupila (f)	mardomak	مردمک
ceja (f)	abru	ابرو
pestaña (f)	može	مژه
párpado (m)	pelek	پلک
lengua (f)	zabān	زبان
diente (m)	dandān	دندان
labios (m pl)	lab-hā	لب ها
pómulos (m pl)	ostexānhā-ye gune	استخوان های گونه
encía (f)	lase	لثه
paladar (m)	saqf-e dahān	سقف دهان
ventanas (f pl)	surāxhā-ye bini	سوراخ های بینی
mentón (m)	čāne	چانه
mandíbula (f)	fak	فک
mejilla (f)	gune	گونه
frente (f)	pišāni	پیشانی
sien (f)	gijgāh	گیجگاه
oreja (f)	guš	گوش
nuca (f)	pas gardan	پس گردن
cuello (m)	gardan	گردن
garganta (f)	galu	گلو
pelo, cabello (m)	mu-hā	مو ها
peinado (m)	model-e mu	مدل مو
corte (m) de pelo	model-e mu	مدل مو
peluca (f)	kolāh-e gis	کلاه گیس
bigote (m)	sebil	سبیل
barba (f)	riš	ریش
tener (~ la barba)	gozāštan	گذاشتن
trenza (f)	muy-ye bāfte	موی بافته
patillas (f pl)	xatt-e riš	خط ریش
pelirrojo (adj)	muqermez	موقرمز
gris, canoso (adj)	sefid-e mu	سفید مو

calvo (adj)	tās	طاس
calva (f)	tāsi	طاسی
cola (f) de caballo	dom-e asbi	دم اسبی
flequillo (m)	čatri	چتری

62. El cuerpo

mano (f)	dast	دست
brazo (m)	bāzu	بازو
dedo (m)	angošt	انگشت
dedo (m) del pie	šast-e pā	شصت پا
dedo (m) pulgar	šost	شست
dedo (m) meñique	angošt-e kučak	انگشت کوچک
uña (f)	nāxon	ناخن
puño (m)	mošt	مشت
palma (f)	kaf-e dast	کف دست
muñeca (f)	moč-e dast	مچ دست
antebrazo (m)	sā'ed	ساعد
codo (m)	āranj	آرنج
hombro (m)	ketf	کتف
pierna (f)	pā	پا
planta (f)	pā	پا
rodilla (f)	zānu	زانو
pantorrilla (f)	sāq	ساق
cadera (f)	rān	ران
talón (m)	pāšne-ye pā	پاشنۀ پا
cuerpo (m)	badan	بدن
vientre (m)	šekam	شکم
pecho (m)	sine	سینه
seno (m)	sine	سینه
lado (m), costado (m)	pahlu	پهلو
espalda (f)	pošt	پشت
zona (f) lumbar	kamar	کمر
cintura (f), talle (m)	dur-e kamar	دور کمر
ombligo (m)	nāf	ناف
nalgas (f pl)	nešiman-e gāh	نشیمن گاه
trasero (m)	bāsan	باسن
lunar (m)	xāl	خال
marca (f) de nacimiento	xāl-e mādarzād	خال مادرزاد
tatuaje (m)	xāl kubi	خال کوبی
cicatriz (f)	jā-ye zaxm	جای زخم

63. Las enfermedades

enfermedad (f)	bimāri	بیماری
estar enfermo	bimār budan	بیمار بودن
salud (f)	salāmati	سلامتی

resfriado (m) (coriza)	āb-e rizeš-e bini	آب ریزش بینی
angina (f)	varam-e lowze	ورم لوزه
resfriado (m)	sarmā xordegi	سرما خوردگی
resfriarse (vr)	sarmā xordan	سرما خوردن

bronquitis (f)	boronšit	برنشیت
pulmonía (f)	zātorrie	ذات الریه
gripe (f)	ānfolānzā	آنفولانزا

miope (adj)	nazdik bin	نزدیک بین
présbita (adj)	durbin	دوربین
estrabismo (m)	enherāf-e čašm	انحراف چشم
estrábico (m) (adj)	luč	لوچ
catarata (f)	āb morvārid	آب مروارید
glaucoma (m)	ab-e siyāh	آب سیاه

insulto (m)	sekte-ye maqzi	سکته مغزی
ataque (m) cardiaco	sekte-ye qalbi	سکته قلبی
infarto (m) de miocardio	ānfārktus	آنفارکتوس
parálisis (f)	falaji	فلجی
paralizar (vt)	falj kardan	فلج کردن

alergia (f)	ālerži	آلرژی
asma (f)	āsm	آسم
diabetes (f)	diyābet	دیابت

| dolor (m) de muelas | dandān-e dard | دندان درد |
| caries (f) | pusidegi | پوسیدگی |

diarrea (f)	eshāl	اسهال
estreñimiento (m)	yobusat	یبوست
molestia (f) estomacal	nārāhati-ye me'de	ناراحتی معده
envenenamiento (m)	masmumiyat	مسمومیت
envenenarse (vr)	masmum šodan	مسموم شدن

artritis (f)	varam-e mafāsel	ورم مفاصل
raquitismo (m)	rāšitism	راشیتیسم
reumatismo (m)	romātism	روماتیسم
ateroesclerosis (f)	tasallob-e šarāin	تصلب شرائین

gastritis (f)	varam-e me'de	ورم معده
apendicitis (f)	āpāndisit	آپاندیسیت
colecistitis (f)	eltehāb-e kise-ye safrā	التهاب کیسه صفرا
úlcera (f)	zaxm	زخم
sarampión (m)	sorxak	سرخک

rubeola (f)	sorxje	سرخجه
ictericia (f)	yaraqān	يرقان
hepatitis (f)	hepātit	هپاتيت
esquizofrenia (f)	šizoferni	شيزوفرنى
rabia (f) (hidrofobia)	hāri	هارى
neurosis (f)	extelāl-e aʿsāb	اختلال اعصاب
conmoción (f) cerebral	zarbe-ye maqzi	ضربه مغزى
cáncer (m)	saratān	سرطان
esclerosis (f)	eskeleroz	اسكلروز
esclerosis (m) múltiple	eskeleroz čandgāne	اسكلروز چندگانه
alcoholismo (m)	alkolism	الكليسم
alcohólico (m)	alkoli	الكلى
sífilis (f)	siflis	سيفليس
SIDA (m)	eydz	ايدز
tumor (m)	tumor	تومور
maligno (adj)	bad xim	بد خيم
benigno (adj)	xoš xim	خوش خيم
fiebre (f)	tab	تب
malaria (f)	mālāriyā	مالاريا
gangrena (f)	qānqāriyā	قانقاريا
mareo (m)	daryā-zadegi	درياززدگى
epilepsia (f)	sarʿ	صرع
epidemia (f)	epidemi	اپيدمى
tifus (m)	hasbe	حصبه
tuberculosis (f)	sel	سل
cólera (f)	vabā	وبا
peste (f)	tāʿun	طاعون

64. Los síntomas. Los tratamientos. Unidad 1

síntoma (m)	alāem-e bimāri	علائم بيمارى
temperatura (f)	damā	دما
fiebre (f)	tab	تب
pulso (m)	nabz	نبض
mareo (m) (vértigo)	sargije	سرگيجه
caliente (adj)	dāq	داغ
escalofrío (m)	raʿše	رعشه
pálido (adj)	rang paride	رنگ پريده
tos (f)	sorfe	سرفه
toser (vi)	sorfe kardan	سرفه كردن
estornudar (vi)	atse kardan	عطسه كردن
desmayo (m)	qaš	غش

desmayarse (vr)	qaš kardan	غش کردن
moradura (f)	kabudi	کبودی
chichón (m)	barāmadegi	برآمدگی
golpearse (vr)	barxord kardan	برخورد کردن
magulladura (f)	kuftegi	کوفتگی
magullarse (vr)	zarb didan	ضرب دیدن
cojear (vi)	langidan	لنگیدن
dislocación (f)	dar raftegi	دررفتگی
dislocar (vt)	dar raftan	دررفتن
fractura (f)	šekastegi	شکستگی
tener una fractura	dočār-e šekastegi šodan	دچار شکستگی شدن
corte (m) (tajo)	boridegi	بریدگی
cortarse (vr)	boridan	بریدن
hemorragia (f)	xunrizi	خونریزی
quemadura (f)	suxtegi	سوختگی
quemarse (vr)	dočār-e suxtegi šodan	دچار سوختگی شدن
pincharse (~ el dedo)	surāx kardan	سوراخ کردن
pincharse (vr)	surāx kardan	سوراخ کردن
herir (vt)	āsib resāndan	آسیب رساندن
herida (f)	zaxm	زخم
lesión (f) (herida)	zaxm	زخم
trauma (m)	zarbe	ضربه
delirar (vi)	hazyān goftan	هذیان گفتن
tartamudear (vi)	loknat dāštan	لکنت داشتن
insolación (f)	āftāb-zadegi	آفتابزدگی

65. Los síntomas. Los tratamientos. Unidad 2

dolor (m)	dard	درد
astilla (f)	xār	خار
sudor (m)	araq	عرق
sudar (vi)	araq kardan	عرق کردن
vómito (m)	estefrāq	استفراغ
convulsiones (f pl)	tašannoj	تشنج
embarazada (adj)	bārdār	باردار
nacer (vi)	motevalled šodan	متولد شدن
parto (m)	vaz'-e haml	وضع حمل
dar a luz	be donyā āvardan	به دنیا آوردن
aborto (m)	seqt-e janin	سقط جنین
respiración (f)	tanaffos	تنفس
inspiración (f)	estenšāq	استنشاق
espiración (f)	bāzdam	بازدم

espirar (vi)	bāzdamidan	بازدمیدن
inspirar (vi)	nafas kešidan	نفس کشیدن
inválido (m)	ma'lul	معلول
mutilado (m)	falaj	فلج
drogadicto (m)	mo'tād	معتاد
sordo (adj)	kar	کر
mudo (adj)	lāl	لال
sordomudo (adj)	kar-o lāl	کر و لال
loco (adj)	divāne	دیوانه
loco (m)	divāne	دیوانه
loca (f)	divāne	دیوانه
volverse loco	divāne šodan	دیوانه شدن
gen (m)	žen	ژن
inmunidad (f)	masuniyat	مصونیت
hereditario (adj)	mowrusi	موروثی
de nacimiento (adj)	mādarzād	مادرزاد
virus (m)	virus	ویروس
microbio (m)	mikrob	میکروب
bacteria (f)	bākteri	باکتری
infección (f)	ofunat	عفونت

66. Los síntomas. Los tratamientos. Unidad 3

hospital (m)	bimārestān	بیمارستان
paciente (m)	bimār	بیمار
diagnosis (f)	tašxis	تشخیص
cura (f)	mo'āleje	معالجه
tratamiento (m)	darmān	درمان
curarse (vr)	darmān šodan	درمان شدن
tratar (vt)	mo'āleje kardan	معالجه کردن
cuidar (a un enfermo)	parastāri kardan	پرستاری کردن
cuidados (m pl)	parastāri	پرستاری
operación (f)	amal-e jarrāhi	عمل جراحی
vendar (vt)	pānsemān kardan	پانسمان کردن
vendaje (m)	pānsemān	پانسمان
vacunación (f)	vāksināsyon	واکسیناسیون
vacunar (vt)	vāksine kardan	واکسینه کردن
inyección (f)	tazriq	تزریق
aplicar una inyección	tazriq kardan	تزریق کردن
ataque (m)	hamle	حمله
amputación (f)	qat'-e ozv	قطع عضو

amputar (vt)	qatʻ kardan	قطع کردن
coma (m)	komā	کما
estar en coma	dar komā budan	در کما بودن
revitalización (f)	morāqebat-e viže	مراقبت ویژه

recuperarse (vr)	behbud yāftan	بهبود یافتن
estado (m) (de salud)	hālat	حالت
consciencia (f)	huš	هوش
memoria (f)	hāfeze	حافظه

extraer (un diente)	dandān kešidan	دندان کشیدن
empaste (m)	por kardan	پر کردن
empastar (vt)	por kardan	پر کردن

| hipnosis (f) | hipnotizm | هیپنوتیزم |
| hipnotizar (vt) | hipnotizm kardan | هیپنوتیزم کردن |

67. La medicina. Las drogas. Los accesorios

medicamento (m), droga (f)	dāru	دارو
remedio (m)	darmān	درمان
prescribir (vt)	tajviz kardan	تجویز کردن
receta (f)	nosxe	نسخه

tableta (f)	qors	قرص
ungüento (m)	pomād	پماد
ampolla (f)	āmpul	آمپول
mixtura (f), mezcla (f)	šarbat	شربت
sirope (m)	šarbat	شربت
píldora (f)	kapsul	کپسول
polvo (m)	pudr	پودر

venda (f)	bānd	باند
algodón (m) (discos de ~)	panbe	پنبه
yodo (m)	yod	ید

| tirita (f), curita (f) | časb-e zaxm | چسب زخم |
| pipeta (f) | qatre čekān | قطره چکان |

| termómetro (m) | damāsanj | دماسنج |
| jeringa (f) | sorang | سرنگ |

| silla (f) de ruedas | vilčer | ویلچر |
| muletas (f pl) | čub zir baqal | چوب زیر بغل |

anestésico (m)	mosaken	مسکن
purgante (m)	moshel	مسهل
alcohol (m)	alkol	الکل
hierba (f) medicinal	giyāhān-e dāruyi	گیاهان دارویی
de hierbas (té ~)	giyāhi	گیاهی

EL APARTAMENTO

68. El apartamento
69. Los muebles. El interior
70. Los accesorios de cama
71. La cocina
72. El baño
73. Los aparatos domésticos

T&P Books Publishing

68. El apartamento

apartamento (m)	āpārtemān	آپارتمان
habitación (f)	otāq	اتاق
dormitorio (m)	otāq-e xāb	اتاق خواب
comedor (m)	otāq-e qazāxori	اتاق غذاخوری
salón (m)	mehmānxāne	مهمانخانه
despacho (m)	daftar	دفتر
antecámara (f)	tālār-e vorudi	تالار ورودی
cuarto (m) de baño	hammām	حمام
servicio (m)	tuālet	توالت
techo (m)	saqf	سقف
suelo (m)	kaf	کف
rincón (m)	guše	گوشه

69. Los muebles. El interior

muebles (m pl)	mobl	مبل
mesa (f)	miz	میز
silla (f)	sandali	صندلی
cama (f)	taxt-e xāb	تخت خواب
sofá (m)	kānāpe	کاناپه
sillón (m)	mobl-e rāhati	مبل راحتی
librería (f)	qafase-ye ketāb	قفسه کتاب
estante (m)	qafase	قفسه
armario (m)	komod	کمد
percha (f)	raxt āviz	رخت آویز
perchero (m) de pie	čub lebāsi	چوب لباسی
cómoda (f)	komod	کمد
mesa (f) de café	miz-e pišdasti	میز پیشدستی
espejo (m)	āyene	آینه
tapiz (m)	farš	فرش
alfombra (f)	qāliče	قالیچه
chimenea (f)	šumine	شومینه
vela (f)	šamʿ	شمع
candelero (m)	šamʿdān	شمعدان
cortinas (f pl)	parde	پرده

| empapelado (m) | kāqaz-e divāri | کاغذ دیواری |
| estor (m) de láminas | kerkere | کرکره |

lámpara (f) de mesa	čerāq-e rumizi	چراغ رومیزی
aplique (m)	čerāq-e divāri	چراغ دیواری
lámpara (f) de pie	ābāžur	آباژور
lámpara (f) de araña	luster	لوستر

pata (f) (~ de la mesa)	pāye	پایه
brazo (m)	daste-ye sandali	دستهٔ صندلی
espaldar (m)	pošti	پشتی
cajón (m)	kešow	کشو

70. Los accesorios de cama

ropa (f) de cama	raxt-e xāb	رخت خواب
almohada (f)	bālešt	بالشت
funda (f)	rubalešt	روبالشت
manta (f)	patu	پتو
sábana (f)	malāfe	ملافه
sobrecama (f)	rutaxti	روتختی

71. La cocina

cocina (f)	āšpazxāne	آشپزخانه
gas (m)	gāz	گاز
cocina (f) de gas	ojāgh-e gāz	اجاق گاز
cocina (f) eléctrica	ojāgh-e barghi	اجاق برقی
horno (m)	fer	فر
horno (m) microondas	māykrofer	مایکروفر

frigorífico (m)	yaxčāl	یخچال
congelador (m)	fereyzer	فریزر
lavavajillas (m)	māšin-e zarfšuyi	ماشین ظرفشویی

picadora (f) de carne	čarx-e gušt	چرخ گوشت
exprimidor (m)	ābmive giri	آبمیوه گیری
tostador (m)	towster	توستر
batidora (f)	maxlut kon	مخلوط کن

cafetera (f) (aparato de cocina)	qahve sāz	قهوه ساز
cafetera (f) (para servir)	qahve juš	قهوه جوش
molinillo (m) de café	āsiyāb-e qahve	آسیاب قهوه

hervidor (m) de agua	ketri	کتری
tetera (f)	quri	قوری
tapa (f)	sarpuš	سرپوش

colador (m) de té	čāy sāf kon	چای صاف کن
cuchara (f)	qāšoq	قاشق
cucharilla (f)	qāšoq čāy xori	قاشق چای خوری
cuchara (f) de sopa	qāšoq sup xori	قاشق سوپ خوری
tenedor (m)	čangāl	چنگال
cuchillo (m)	kārd	کارد
vajilla (f)	zoruf	ظروف
plato (m)	bošqāb	بشقاب
platillo (m)	na'lbeki	نعلبکی
vaso (m) de chupito	gilās-e vodkā	گیلاس ودکا
vaso (m) (~ de agua)	estekān	استکان
taza (f)	fenjān	فنجان
azucarera (f)	qandān	قندان
salero (m)	namakdān	نمکدان
pimentero (m)	felfeldān	فلفلدان
mantequera (f)	zarf-e kare	ظرف کره
cacerola (f)	qāblame	قابلمه
sartén (f)	tābe	تابه
cucharón (m)	malāqe	ملاقه
colador (m)	ābkeš	آبکش
bandeja (f)	sini	سینی
botella (f)	botri	بطری
tarro (m) de vidrio	šiše	شیشه
lata (f)	quti	قوطی
abrebotellas (m)	dar bāz kon	در بازکن
abrelatas (m)	dar bāz kon	در بازکن
sacacorchos (m)	dar bāz kon	در بازکن
filtro (m)	filter	فیلتر
filtrar (vt)	filter kardan	فیلتر کردن
basura (f)	āšqāl	آشغال
cubo (m) de basura	satl-e zobāle	سطل زباله

72. El baño

cuarto (m) de baño	hammām	حمام
agua (f)	āb	آب
grifo (m)	šir	شیر
agua (f) caliente	āb-e dāq	آب داغ
agua (f) fría	āb-e sard	آب سرد
pasta (f) de dientes	xamir-e dandān	خمیر دندان
limpiarse los dientes	mesvāk zadan	مسواک زدن
cepillo (m) de dientes	mesvāk	مسواک

afeitarse (vr)	riš tarāšidan	ریش تراشیدن
espuma (f) de afeitar	xamir-e eslāh	خمیر اصلاح
maquinilla (f) de afeitar	tiq	تیغ
lavar (vt)	šostan	شستن
darse un baño	hamām kardan	حمام کردن
ducha (f)	duš	دوش
darse una ducha	duš gereftan	دوش گرفتن
bañera (f)	vān hammām	وان حمام
inodoro (m)	tuālet-e farangi	توالت فرنگی
lavabo (m)	sink	سینک
jabón (m)	sābun	صابون
jabonera (f)	jā sābun	جا صابون
esponja (f)	abr	ابر
champú (m)	šāmpu	شامپو
toalla (f)	howle	حوله
bata (f) de baño	howle-ye hamām	حوله حمام
colada (f), lavado (m)	raxčuyi	لباسشویی
lavadora (f)	māšin-e lebas-šui	ماشین لباسشویی
lavar la ropa	šostan-e lebās	شستن لباس
detergente (m) en polvo	pudr-e lebas-šui	پودر لباسشویی

73. Los aparatos domésticos

televisor (m)	televiziyon	تلویزیون
magnetófono (m)	zabt-e sowt	ضبط صوت
vídeo (m)	video	ویدئو
radio (m)	rādiyo	رادیو
reproductor (m) (~ MP3)	paxš konande	پخش کننده
proyector (m) de vídeo	video porožektor	ویدئو پروژکتور
sistema (m) home cinema	sinamā-ye xānegi	سینمای خانگی
reproductor (m) de DVD	paxš konande-ye di vi di	پخش کننده دی وی دی
amplificador (m)	āmpli-fāyer	آمپلی فایر
videoconsola (f)	konsul-e bāzi	کنسول بازی
cámara (f) de vídeo	durbin-e filmbardāri	دوربین فیلمبرداری
cámara (f) fotográfica	durbin-e akkāsi	دوربین عکاسی
cámara (f) digital	durbin-e dijitāl	دوربین دیجیتال
aspirador (m), aspiradora (f)	jāru barqi	جارو برقی
plancha (f)	oto	اتو
tabla (f) de planchar	miz-e otu	میز اتو
teléfono (m)	telefon	تلفن
teléfono (m) móvil	telefon-e hamrāh	تلفن همراه

máquina (f) de escribir	māšin-e tahrir	ماشین تحریر
máquina (f) de coser	čarx-e xayyāti	چرخ خیاطی
micrófono (m)	mikrofon	میکروفون
auriculares (m pl)	guši	گوشی
mando (m) a distancia	kontorol az rāh-e dur	کنترل از راه دور
CD (m)	si-di	سیدی
casete (m)	kāst	کاست
disco (m) de vinilo	safhe-ye gerāmāfon	صفحه گرامافون

BOOKS

T&P

LA TIERRA. EL TIEMPO

74. El espacio
75. La tierra
76. Los puntos cardinales
77. El mar. El océano
78. Los nombres de los mares y
    los océanos
79. Las montañas
80. Los nombres de las montañas
81. Los ríos
82. Los nombres de los ríos
83. El bosque
84. Los recursos naturales
85. El tiempo
86. Los eventos climáticos severos.
    Los desastres naturales

T&P Books Publishing

cosmos (m)	fazā	فضا
espacial, cósmico (adj)	fazāyi	فضایی
espacio (m) cósmico	fazā-ye keyhān	فضای کیهان

mundo (m)	jahān	جهان
universo (m)	giti	گیتی
galaxia (f)	kahkešān	کهکشان

estrella (f)	setāre	ستاره
constelación (f)	surat-e falaki	صورت فلکی
planeta (m)	sayyāre	سیاره
satélite (m)	māhvāre	ماهواره

meteorito (m)	sang-e āsmāni	سنگ آسمانی
cometa (m)	setāre-ye donbāle dār	ستارهٔ دنباله دار
asteroide (m)	šahāb	شهاب

órbita (f)	madār	مدار
girar (vi)	gardidan	گردیدن
atmósfera (f)	jav	جو

Sol (m)	āftāb	آفتاب
sistema (m) solar	manzume-ye šamsi	منظومه شمسی
eclipse (m) de Sol	kosuf	کسوف

| Tierra (f) | zamin | زمین |
| Luna (f) | māh | ماه |

Marte (m)	merrix	مریخ
Venus (f)	zahre	زهره
Júpiter (m)	moštari	مشتری
Saturno (m)	zohal	زحل

Mercurio (m)	atārod	عطارد
Urano (m)	orānus	اورانوس
Neptuno (m)	nepton	نپتون
Plutón (m)	poloton	پلوتون

la Vía Láctea	kahkešān rāh-e širi	کهکشان راه شیری
la Osa Mayor	dobb-e akbar	دب اکبر
la Estrella Polar	setāre-ye qotbi	ستاره قطبی

| marciano (m) | merrixi | مریخی |
| extraterrestre (m) | farā zamini | فرا زمینی |

| planetícola (m) | mowjud fazāyi | موجود فضایی |
| platillo (m) volante | bošqāb-e parande | بشقاب پرنده |

nave (f) espacial	fazā peymā	فضا پیما
estación (f) orbital	istgāh-e fazāyi	ایستگاه فضایی
despegue (m)	rāh andāzi	راه اندازی

motor (m)	motor	موتور
tobera (f)	nāzel	نازل
combustible (m)	suxt	سوخت

carlinga (f)	kābin	کابین
antena (f)	ānten	آنتن
ventana (f)	panjere	پنجره
batería (f) solar	bātri-ye xoršidi	باطری خورشیدی
escafandra (f)	lebās-e fazānavardi	لباس فضانوردی

| ingravidez (f) | bi vazni | بی وزنی |
| oxígeno (m) | oksižen | اکسیژن |

| atraque (m) | vasl | وصل |
| realizar el atraque | vasl kardan | وصل کردن |

observatorio (m)	rasadxāne	رصدخانه
telescopio (m)	teleskop	تلسکوپ
observar (vt)	mošāhede kardan	مشاهده کردن
explorar (~ el universo)	kašf kardan	کشف کردن

75. La tierra

Tierra (f)	zamin	زمین
globo (m) terrestre	kare-ye zamin	کرۀ زمین
planeta (m)	sayyāre	سیاره

atmósfera (f)	jav	جو
geografía (f)	joqrāfiyā	جغرافیا
naturaleza (f)	tabi'at	طبیعت

globo (m) terráqueo	kare-ye joqrāfiyāyi	کرۀ جغرافیایی
mapa (m)	naqše	نقشه
atlas (m)	atlas	اطلس

Europa (f)	orupā	اروپا
Asia (f)	āsiyā	آسیا
África (f)	āfriqā	آفریقا
Australia (f)	ostorāliyā	استرالیا

América (f)	emrikā	امریکا
América (f) del Norte	emrikā-ye šomāli	امریکای شمالی
América (f) del Sur	emrikā-ye jonubi	امریکای جنوبی

| Antártida (f) | qotb-e jonub | قطب جنوب |
| Ártico (m) | qotb-e šomāl | قطب شمال |

76. Los puntos cardinales

norte (m)	šomāl	شمال
al norte	be šomāl	به شمال
en el norte	dar šomāl	در شمال
del norte (adj)	šomāli	شمالی

sur (m)	jonub	جنوب
al sur	be jonub	به جنوب
en el sur	dar jonub	در جنوب
del sur (adj)	jonubi	جنوبی

oeste (m)	qarb	غرب
al oeste	be qarb	به غرب
en el oeste	dar qarb	در غرب
del oeste (adj)	qarbi	غربی

este (m)	šarq	شرق
al este	be šarq	به شرق
en el este	dar šarq	در شرق
del este (adj)	šarqi	شرقی

77. El mar. El océano

mar (m)	daryā	دریا
océano (m)	oqyānus	اقیانوس
golfo (m)	xalij	خلیج
estrecho (m)	tange	تنگه

| tierra (f) firme | zamin | زمین |
| continente (m) | qāre | قاره |

isla (f)	jazire	جزیره
península (f)	šeb-e jazire	شبه جزیره
archipiélago (m)	majma'-ol-jazāyer	مجمع‌الجزایر

bahía (f)	xalij-e kučak	خلیج کوچک
ensenada, bahía (f)	langargāh	لنگرگاه
laguna (f)	mordāb	مرداب
cabo (m)	damāqe	دماغه

atolón (m)	jazire-ye marjāni	جزیره مرجانی
arrecife (m)	tappe-ye daryāyi	تپه دریایی
coral (m)	marjān	مرجان
arrecife (m) de coral	tappe-ye marjāni	تپه مرجانی

profundo (adj)	amiq	عميق
profundidad (f)	omq	عمق
abismo (m)	partgāh	پرتگاه
fosa (f) oceánica	derāz godāl	درازگودال
corriente (f)	jaryān	جريان
bañar (rodear)	ehāte kardan	احاطه كردن
orilla (f)	sāhel	ساحل
costa (f)	sāhel	ساحل
flujo (m)	mod	مد
reflujo (m)	jazr	جزر
banco (m) de arena	sāhel-e šeni	ساحل شنی
fondo (m)	qa'r	قعر
ola (f)	mowj	موج
cresta (f) de la ola	nok	نوک
espuma (f)	kaf	كف
tempestad (f)	tufān-e daryāyi	طوفان دريايی
huracán (m)	tufān	طوفان
tsunami (m)	sonāmi	سونامی
bonanza (f)	sokun-e daryā	سكون دريا
calmo, tranquilo	ārām	آرام
polo (m)	qotb	قطب
polar (adj)	qotbi	قطبی
latitud (f)	arz-e joqrāfiyāyi	عرض جغرافيايی
longitud (f)	tul-e joqrāfiyāyi	طول جغرافيايی
paralelo (m)	movāzi	موازی
ecuador (m)	xatt-e ostavā	خط استوا
cielo (m)	āsemān	آسمان
horizonte (m)	ofoq	افق
aire (m)	havā	هوا
faro (m)	fānus-e daryāyi	فانوس دريايی
bucear (vi)	širje raftan	شيرجه رفتن
hundirse (vr)	qarq šodan	غرق شدن
tesoros (m pl)	ganj	گنج

78. Los nombres de los mares y los océanos

océano (m) Atlántico	oqyānus-e atlas	اقيانوس اطلس
océano (m) Índico	oqyānus-e hend	اقيانوس هند
océano (m) Pacífico	oqyānus-e ārām	اقيانوس آرام
océano (m) Glacial Ártico	oqyānus-e monjamed-e šomāli	اقيانوس منجمد شمالی

mar (m) Negro	daryā-ye siyāh	دریای سیاه
mar (m) Rojo	daryā-ye sorx	دریای سرخ
mar (m) Amarillo	daryā-ye zard	دریای زرد
mar (m) Blanco	daryā-ye sefid	دریای سفید
mar (m) Caspio	daryā-ye xazar	دریای خزر
mar (m) Muerto	daryā-ye morde	دریای مرده
mar (m) Mediterráneo	daryā-ye meditarāne	دریای مدیترانه
mar (m) Egeo	daryā-ye eže	دریای اژه
mar (m) Adriático	daryā-ye ādriyātik	دریای آدریاتیک
mar (m) Arábigo	daryā-ye arab	دریای عرب
mar (m) del Japón	daryā-ye žāpon	دریای ژاپن
mar (m) de Bering	daryā-ye brinq	دریای برینگ
mar (m) de la China Meridional	daryā-ye čin-e jonubi	دریای چین جنوبی
mar (m) del Coral	daryā-ye marjān	دریای مرجان
mar (m) de Tasmania	daryā-ye tās-emān	دریای تاسمان
mar (m) Caribe	daryā-ye kārāib	دریای کارائیب
mar (m) de Barents	daryā-ye barntz	دریای بارنتز
mar (m) de Kara	daryā-ye kārā	دریای کارا
mar (m) del Norte	daryā-ye šomāl	دریای شمال
mar (m) Báltico	daryā-ye bāltik	دریای بالتیک
mar (m) de Noruega	daryā-ye norvež	دریای نروژ

79. Las montañas

montaña (f)	kuh	کوه
cadena (f) de montañas	rešte-ye kuh	رشته کوه
cresta (f) de montañas	selsele-ye jebāl	سلسله جبال
cima (f)	qolle	قله
pico (m)	qolle	قله
pie (m)	dāmane-ye kuh	دامنة کوه
cuesta (f)	šib	شیب
volcán (m)	ātaš-fešān	آتشفشان
volcán (m) activo	ātaš-fešān-e faʿāl	آتش فشان فعال
volcán (m) apagado	ātaš-fešān-e xāmuš	آتش فشان خاموش
erupción (f)	favarān	فوران
cráter (m)	dahāne-ye ātašfešān	دهانة آتش فشان
magma (m)	māgmā	ماگما
lava (f)	godāze	گدازه
fundido (lava ~a)	godāxte	گداخته
cañón (m)	tange	تنگه

desfiladero (m)	darre-ye tang	دره تنگ
grieta (f)	tange	تنگه
precipicio (m)	partgāh	پرتگاه
puerto (m) (paso)	gozargāh	گذرگاه
meseta (f)	falāt	فلات
roca (f)	saxre	صخره
colina (f)	tappe	تپه
glaciar (m)	yaxčāl	یخچال
cascada (f)	ābšār	آبشار
geiser (m)	češme-ye āb-e garm	چشمهٔ آب گرم
lago (m)	daryāče	دریاچه
llanura (f)	jolge	جلگه
paisaje (m)	manzare	منظره
eco (m)	en'ekās-e sowt	انعکاس صوت
alpinista (m)	kuhnavard	کوهنورد
escalador (m)	saxre-ye navard	صخره نورد
conquistar (vt)	fath kardan	فتح کردن
ascensión (f)	so'ud	صعود

80. Los nombres de las montañas

Alpes (m pl)	ālp	آلپ
Montblanc (m)	moan belān	مون بلان
Pirineos (m pl)	pirene	پیرنه
Cárpatos (m pl)	kuhhā-ye kārpāt	کوههای کارپات
Urales (m pl)	kuhe-i orāl	کوههای اورال
Cáucaso (m)	qafqāz	قفقاز
Elbrus (m)	alborz	البرز
Altai (m)	āltāy	آلتای
Tian-Shan (m)	tiyān šān	تیان شان
Pamir (m)	pāmir	پامیر
Himalayos (m pl)	himāliyā-vo	هیمالیا
Everest (m)	everest	اورست
Andes (m pl)	ānd	آند
Kilimanjaro (m)	kelimānjāro	کلیمانجارو

81. Los ríos

río (m)	rudxāne	رودخانه
manantial (m)	češme	چشمه
lecho (m) (curso de agua)	bastar	بستر

cuenca (f) fluvial	howze	حوضه
desembocar en ...	rixtan	ریختن

afluente (m)	enše'āb	انشعاب
ribera (f)	sāhel	ساحل

corriente (f)	jaryān	جریان
río abajo (adv)	be samt-e pāin-e rudxāne	به سمت پائین رودخانه
río arriba (adv)	be samt-e bālā-ye rudxāne	به سمت بالای رودخانه

inundación (f)	seyl	سیل
riada (f)	toqyān	طغیان
desbordarse (vr)	toqyān kardan	طغیان کردن
inundar (vt)	toqyān kardan	طغیان کردن

bajo (m) arenoso	tangāb	تنگاب
rápido (m)	tondāb	تندآب

presa (f)	sad	سد
canal (m)	kānāl	کانال
lago (m) artificiale	maxzan-e āb	مخزن آب
esclusa (f)	ābgir	آبگیر

cuerpo (m) de agua	maxzan-e āb	مخزن آب
pantano (m)	bātlāq	باتلاق
ciénaga (f)	lajan zār	لجن زار
remolino (m)	gerdāb	گرداب

arroyo (m)	ravad	رود
potable (adj)	āšāmidani	آشامیدنی
dulce (agua ~)	širin	شیرین

hielo (m)	yax	یخ
helarse (el lago, etc.)	yax bastan	یخ بستن

82. Los nombres de los ríos

Sena (m)	sen	سن
Loira (m)	lavār	لوآر

Támesis (m)	timz	تیمز
Rin (m)	rāyn	راین
Danubio (m)	dānub	دانوب

Volga (m)	volgā	ولگا
Don (m)	don	دن
Lena (m)	lenā	لنا

Río (m) Amarillo	rud-e zard	رود زرد
Río (m) Azul	yāng tese	یانگ تسه

Mekong (m)	mekung	مکونگ
Ganges (m)	gong	گنگ
Nilo (m)	neyl	نیل
Congo (m)	kongo	کنگو
Okavango (m)	okavango	اوکاوانگو
Zambeze (m)	zãmbezi	زامبزی
Limpopo (m)	rud-e limpupu	رود لیمپوپو
Misisipi (m)	mi si si pi	می سی سی پی

83. El bosque

bosque (m)	jangal	جنگل
de bosque (adj)	jangali	جنگلی
espesura (f)	jangal-e anbuh	جنگل انبوه
bosquecillo (m)	biše	بیشه
claro (m)	marqzãr	مرغزار
maleza (f)	biše-hã	بیشه ها
matorral (m)	bute zãr	بوته زار
senda (f)	kure-ye rãh	کوره راه
barranco (m)	darre	دره
árbol (m)	deraxt	درخت
hoja (f)	barg	برگ
follaje (m)	šãx-o barg	شاخ و برگ
caída (f) de hojas	barg rizi	برگ ریزی
caer (las hojas)	rixtan	ریختن
cima (f)	nok	نوک
rama (f)	šãxe	شاخه
rama (f) (gruesa)	šãxe	شاخه
brote (m)	šokufe	شکوفه
aguja (f)	suzan	سوزن
piña (f)	maxrut-e kãj	مخروط کاج
agujero (m)	surãx	سوراخ
nido (m)	lãne	لانه
tronco (m)	tane	تنه
raíz (f)	riše	ریشه
corteza (f)	pust	پوست
musgo (m)	xaze	خزه
extirpar (vt)	rišekan kardan	ریشه کن کردن
talar (vt)	boridan	بریدن
deforestar (vt)	boridan	بریدن

tocón (m)	kande-ye deraxt	كندهٔ درخت
hoguera (f)	ātaš	آتش
incendio (m) forestal	ātaš suzi	آتش سوزی
apagar (~ el incendio)	xāmuš kardan	خاموش کردن
guarda (m) forestal	jangal bān	جنگل بان
protección (f)	mohāfezat	محافظت
proteger (vt)	mohāfezat kardan	محافظت کردن
cazador (m) furtivo	šekārči-ye qeyr-e qānuni	شکارچی غیر قانونی
cepo (m)	tale	تله
recoger (setas, bayas)	čidan	چیدن
perderse (vr)	gom šodan	گم شدن

84. Los recursos naturales

recursos (m pl) naturales	manābe-'e tabii	منابع طبیعی
recursos (m pl) subterráneos	mavādd-e ma'dani	مواد معدنی
depósitos (m pl)	tah nešast	ته نشست
yacimiento (m)	meydān	میدان
extraer (vt)	estexrāj kardan	استخراج کردن
extracción (f)	estexrāj	استخراج
mena (f)	sang-e ma'dani	سنگ معدنی
mina (f)	ma'dan	معدن
pozo (m) de mina	ma'dan	معدن
minero (m)	ma'danči	معدنچی
gas (m)	gāz	گاز
gasoducto (m)	lule-ye gāz	لولهٔ گاز
petróleo (m)	naft	نفت
oleoducto (m)	lule-ye naft	لولهٔ نفت
pozo (m) de petróleo	čāh-e naft	چاه نفت
torre (f) de sondeo	dakal-e haffāri	دکل حفاری
petrolero (m)	tānker	تانکر
arena (f)	šen	شن
caliza (f)	sang-e āhak	سنگ آهک
grava (f)	sangrize	سنگریزه
turba (f)	turb	تورب
arcilla (f)	xāk-e ros	خاک رس
carbón (m)	zoqāl sang	زغال سنگ
hierro (m)	āhan	آهن
oro (m)	talā	طلا
plata (f)	noqre	نقره
níquel (m)	nikel	نیکل
cobre (m)	mes	مس
zinc (m)	ruy	روی

manganeso (m)	mangenez	منگنز
mercurio (m)	jive	جیوه
plomo (m)	sorb	سرب
mineral (m)	mādde-ye maʻdani	مادۀ معدنی
cristal (m)	bolur	بلور
mármol (m)	marmar	مرمر
uranio (m)	orāniyom	اورانیوم

85. El tiempo

tiempo (m)	havā	هوا
previsión (f) del tiempo	piš bini havā	پیش بینی هوا
temperatura (f)	damā	دما
termómetro (m)	damāsanj	دماسنج
barómetro (m)	havāsanj	هواسنج
húmedo (adj)	martub	مرطوب
humedad (f)	rotubat	رطوبت
bochorno (m)	garmā	گرما
tórrido (adj)	dāq	داغ
hace mucho calor	havā xeyli garm ast	هوا خیلی گرم است
hace calor (templado)	havā garm ast	هوا گرم است
templado (adj)	garm	گرم
hace frío	sard ast	سرد است
frío (adj)	sard	سرد
sol (m)	āftāb	آفتاب
brillar (vi)	tābidan	تابیدن
soleado (un día ~)	āftābi	آفتابی
elevarse (el sol)	tuluʼ kardan	طلوع کردن
ponerse (vr)	qorob kardan	غروب کردن
nube (f)	abr	ابر
nuboso (adj)	abri	ابری
nubarrón (m)	abr-e bārānzā	ابر باران زا
nublado (adj)	tire	تیره
lluvia (f)	bārān	باران
está lloviendo	bārān mibārad	باران می بارد
lluvioso (adj)	bārāni	بارانی
lloviznar (vi)	nam-nam bāridan	نم نم باریدن
aguacero (m)	bārān šodid	باران شدید
chaparrón (m)	ragbār	رگبار
fuerte (la lluvia ~)	šadid	شدید
charco (m)	čāle	چاله

mojarse (vr)	xis šodan	خیس شدن
niebla (f)	meh	مه
nebuloso (adj)	meh ālud	مه آلود
nieve (f)	barf	برف
está nevando	barf mibārad	برف می بارد

86. Los eventos climáticos severos. Los desastres naturales

tormenta (f)	tufān	طوفان
relámpago (m)	barq	برق
relampaguear (vi)	barq zadan	برق زدن
trueno (m)	ra'd	رعد
tronar (vi)	qorridan	غریدن
está tronando	ra'd mizanad	رعد می زند
granizo (m)	tagarg	تگرگ
está granizando	tagarg mibārad	تگرگ می بارد
inundar (vt)	toqyān kardan	طغیان کردن
inundación (f)	seyl	سیل
terremoto (m)	zamin-larze	زمین لرزه
sacudida (f)	tekān	تکان
epicentro (m)	kānun-e zaminlarze	کانون زمین لرزه
erupción (f)	favarān	فوران
lava (f)	godāze	گدازه
torbellino (m), tornado (m)	gerdbād	گردباد
tifón (m)	tufān	طوفان
huracán (m)	tufān	طوفان
tempestad (f)	tufān-e daryāyi	طوفان دریایی
tsunami (m)	sonāmi	سونامی
ciclón (m)	gerdbād	گردباد
mal tiempo (m)	havā-ye bad	هوای بد
incendio (m)	ātaš suzi	آتش سوزی
catástrofe (f)	balā-ye tabi'i	بلای طبیعی
meteorito (m)	sang-e āsmāni	سنگ آسمانی
avalancha (f)	bahman	بهمن
alud (m) de nieve	bahman	بهمن
ventisca (f)	kulāk	کولاک
nevasca (f)	barf-o burān	برف و بوران

T&P BOOKS

LA FAUNA

87. Los mamíferos. Los predadores
88. Los animales salvajes
89. Los animales domésticos
90. Los pájaros
91. Los peces. Los animales marinos
92. Los anfibios. Los reptiles
93. Los insectos

T&P Books Publishing

87. Los mamíferos. Los predadores

carnívoro (m)	heyvān-e darande	حیوان درنده
tigre (m)	bebar	ببر
león (m)	šir	شیر
lobo (m)	gorg	گرگ
zorro (m)	rubāh	روباه
jaguar (m)	jagvār	جگوار
leopardo (m)	palang	پلنگ
guepardo (m)	yuzpalang	یوزپلنگ
pantera (f)	palang-e siyāh	پلنگ سیاه
puma (f)	yuzpalang	یوزپلنگ
leopardo (m) de las nieves	palang-e barfi	پلنگ برفی
lince (m)	siyāh guš	سیاه گوش
coyote (m)	gorg-e sahrāyi	گرگ صحرایی
chacal (m)	šoqāl	شغال
hiena (f)	kaftār	کفتار

88. Los animales salvajes

animal (m)	heyvān	حیوان
bestia (f)	heyvān	حیوان
ardilla (f)	sanjāb	سنجاب
erizo (m)	xārpošt	خاریشت
liebre (f)	xarguš	خرگوش
conejo (m)	xarguš	خرگوش
tejón (m)	gurkan	گورکن
mapache (m)	rākon	راکون
hámster (m)	muš-e bozorg	موش بزرگ
marmota (f)	muš-e xormā-ye kuhi	موش خرمای کوهی
topo (m)	muš-e kur	موش کور
ratón (m)	muš	موش
rata (f)	muš-e sahrāyi	موش صحرایی
murciélago (m)	xoffāš	خفاش
armiño (m)	qāqom	قاقم
cebellina (f)	samur	سمور
marta (f)	samur	سمور

comadreja (f)	rāsu	راسو
visón (m)	tire-ye rāsu	تیره راسو
castor (m)	sag-e ābi	سگ آبی
nutria (f)	samur ābi	سمور آبی
caballo (m)	asb	اسب
alce (m)	gavazn	گوزن
ciervo (m)	āhu	آهو
camello (m)	šotor	شتر
bisonte (m)	gāvmiš	گاومیش
uro (m)	gāv miš	گاو میش
búfalo (m)	bufālo	بوفالو
cebra (f)	gurexar	گورخر
antílope (m)	boz-e kuhi	بز کوهی
corzo (m)	šukā	شوکا
gamo (m)	qazāl	غزال
gamuza (f)	boz-e kuhi	بز کوهی
jabalí (m)	gorāz	گراز
ballena (f)	nahang	نهنگ
foca (f)	fak	فک
morsa (f)	širmāhi	شیرماهی
oso (m) marino	gorbe-ye ābi	گربهٔ آبی
delfín (m)	delfin	دلفین
oso (m)	xers	خرس
oso (m) blanco	xers-e sefid	خرس سفید
panda (f)	pāndā	پاندا
mono (m)	meymun	میمون
chimpancé (m)	šampānze	شمپانزه
orangután (m)	orāngutān	اورانگوتان
gorila (m)	guril	گوریل
macaco (m)	mākāk	ماکاک
gibón (m)	gibon	گیبون
elefante (m)	fil	فیل
rinoceronte (m)	kargadan	کرگدن
jirafa (f)	zarrāfe	زرافه
hipopótamo (m)	asb-e ābi	اسب آبی
canguro (m)	kāngoro	کانگورو
koala (f)	kovālā	کوالا
mangosta (f)	xadang	خدنگ
chinchilla (f)	čin čila	چین چیلا
mofeta (f)	rāsu-ye badbu	راسوی بدبو
espín (m)	taši	تشی

89. Los animales domésticos

gata (f)	gorbe	گربه
gato (m)	gorbe-ye nar	گربه نر
perro (m)	sag	سگ
caballo (m)	asb	اسب
garañón (m)	asb-e nar	اسب نر
yegua (f)	mādiyān	مادیان
vaca (f)	gāv	گاو
toro (m)	gāv-e nar	گاو نر
buey (m)	gāv-e axte	گاو اخته
oveja (f)	gusfand	گوسفند
carnero (m)	gusfand-e nar	گوسفند نر
cabra (f)	boz-e mādde	بز ماده
cabrón (m)	boz-e nar	بز نر
asno (m)	xar	خر
mulo (m)	qāter	قاطر
cerdo (m)	xuk	خوک
cerdito (m)	bače-ye xuk	بچهٔ خوک
conejo (m)	xarguš	خرگوش
gallina (f)	morq	مرغ
gallo (m)	xorus	خروس
pato (m)	ordak	اردک
ánade (m)	ordak-e nar	اردک نر
ganso (m)	qāz	غاز
pavo (m)	buqalamun-e nar	بوقلمون نر
pava (f)	buqalamun-e māde	بوقلمون ماده
animales (m pl) domésticos	heyvānāt-e ahli	حیوانات اهلی
domesticado (adj)	ahli	اهلی
domesticar (vt)	rām kardan	رام کردن
criar (vt)	parvareš dādan	پرورش دادن
granja (f)	mazrae	مزرعه
aves (f pl) de corral	morq-e xānegi	مرغ خانگی
ganado (m)	dām	دام
rebaño (m)	galle	گله
caballeriza (f)	establ	اصطبل
porqueriza (f)	āqol xuk	آغل خوک
vaquería (f)	āqol gāv	آغل گاو
conejal (m)	lanye xarguš	لانه خرگوش
gallinero (m)	morq dāni	مرغ دانی

90. Los pájaros

pájaro (m)	parande	پرنده
paloma (f)	kabutar	کبوتر
gorrión (m)	gonješk	گنجشک
carbonero (m)	morq-e zanburxār	مرغ زنبورخوار
urraca (f)	zāqi	زاغی
cuervo (m)	kalāq-e siyāh	کلاغ سیاه
corneja (f)	kalāq	کلاغ
chova (f)	zāq	زاغ
grajo (m)	kalāq-e siyāh	کلاغ سیاه
pato (m)	ordak	اردک
ganso (m)	qāz	غاز
faisán (m)	qarqāvol	قرقاول
águila (f)	oqāb	عقاب
azor (m)	qerqi	قرقی
halcón (m)	šāhin	شاهین
buitre (m)	karkas	کرکس
cóndor (m)	karkas-e emrikāyi	کرکس امریکایی
cisne (m)	qu	قو
grulla (f)	dornā	درنا
cigüeña (f)	lak lak	لک لک
loro (m), papagayo (m)	tuti	طوطی
colibrí (m)	morq-e magas-e xār	مرغ مگس خوار
pavo (m) real	tāvus	طاووس
avestruz (m)	šotormorq	شترمرغ
garza (f)	havāsil	حواصیل
flamenco (m)	felāmingo	فلامینگو
pelícano (m)	pelikān	پلیکان
ruiseñor (m)	bolbol	بلبل
golondrina (f)	parastu	پرستو
tordo (m)	bāstarak	باسترک
zorzal (m)	torqe	طرقه
mirlo (m)	tukā-ye siyāh	توکای سیاه
vencejo (m)	bādxorak	بادخورک
alondra (f)	čakāvak	چکاوک
codorniz (f)	belderčin	بلدرچین
pájaro carpintero (m)	dārkub	دارکوب
cuco (m)	fāxte	فاخته
lechuza (f)	joqd	جغد
búho (m)	šāh buf	شاه بوف

urogallo (m)	siāh xorus	سیاه خروس
gallo lira (m)	siāh xorus-e jangali	سیاه خروس جنگلی
perdiz (f)	kabk	کبک

estornino (m)	sār	سار
canario (m)	qanāri	قناری
ortega (f)	siyāh xorus-e fandoqi	سیاه خروس فندقی
pinzón (m)	sehre-ye jangali	سهره جنگلی
camachuelo (m)	sohre sar-e siyāh	سهره سر سیاه

gaviota (f)	morq-e daryāyi	مرغ دریایی
albatros (m)	morq-e daryāyi	مرغ دریایی
pingüino (m)	pangoan	پنگوئن

91. Los peces. Los animales marinos

brema (f)	māhi-ye sim	ماهی سیم
carpa (f)	kapur	کپور
perca (f)	māhi-e luti	ماهی لوتی
siluro (m)	gorbe-ye māhi	گربه ماهی
lucio (m)	ordak māhi	اردک ماهی

| salmón (m) | māhi-ye salemon | ماهی سالمون |
| esturión (m) | māhi-ye xāviār | ماهی خاویار |

arenque (m)	māhi-ye šur	ماهی شور
salmón (m) del Atlántico	sālmon-e atlāntik	سالمون اتلانتیک
caballa (f)	māhi-ye esqumeri	ماهی اسقومری
lenguado (m)	sofre māhi	سفره ماهی

lucioperca (f)	suf	سوف
bacalao (m)	māhi-ye rowqan	ماهی روغن
atún (m)	tan māhi	تن ماهی
trucha (f)	māhi-ye qezelālā	ماهی قزل آلا

anguila (f)	mārmāhi	مارماهی
raya (f) eléctrica	partomahiye barqi	پرتوماهی برقی
morena (f)	mārmāhi	مارماهی
piraña (f)	pirānā	پیرانا

tiburón (m)	kuse-ye māhi	کوسه ماهی
delfín (m)	delfin	دلفین
ballena (f)	nahang	نهنگ

centolla (f)	xarčang	خرچنگ
medusa (f)	arus-e daryāyi	عروس دریایی
pulpo (m)	hašt pā	هشت پا

| estrella (f) de mar | setāre-ye daryāyi | ستاره دریایی |
| erizo (m) de mar | xārpošt-e daryāyi | خارپشت دریایی |

caballito (m) de mar	asb-e daryāyi	اسب دریایی
ostra (f)	sadaf-e xorāki	صدف خوراکی
camarón (m)	meygu	میگو
bogavante (m)	xarčang-e daryāyi	خرچنگ دریایی
langosta (f)	xarčang-e xārdār	خرچنگ خاردار

92. Los anfibios. Los reptiles

serpiente (f)	mār	مار
venenoso (adj)	sammi	سمی
víbora (f)	af'i	افعی
cobra (f)	kobrā	کبرا
pitón (m)	mār-e pinton	مار پیتون
boa (f)	mār-e bwa	مار بوا
culebra (f)	mār-e čaman	مار چمن
serpiente (m) de cascabel	mār-e zangi	مار زنگی
anaconda (f)	mār-e ānākondā	مار آناکوندا
lagarto (m)	susmār	سوسمار
iguana (f)	susmār-e deraxti	سوسمار درختی
varano (m)	bozmajje	بزمجه
salamandra (f)	samandar	سمندر
camaleón (m)	āftāb-parast	آفتاب پرست
escorpión (m)	aqrab	عقرب
tortuga (f)	lāk pošt	لاک پشت
rana (f)	qurbāqe	قورباغه
sapo (m)	vazaq	وزغ
cocodrilo (m)	temsāh	تمساح

93. Los insectos

insecto (m)	hašare	حشره
mariposa (f)	parvāne	پروانه
hormiga (f)	murče	مورچه
mosca (f)	magas	مگس
mosquito (m) (picadura de ~)	paše	پشه
escarabajo (m)	susk	سوسک
avispa (f)	zanbur	زنبور
abeja (f)	zanbur-e asal	زنبور عسل
abejorro (m)	xar zanbur	خرزنبور
moscardón (m)	xarmagas	خرمگس
araña (f)	ankabut	عنکبوت
telaraña (f)	tār-e ankabut	تارعنکبوت

libélula (f)	sanjāqak	سنجاقک
saltamontes (m)	malax	ملخ
mariposa (f) nocturna	bid	بید
cucaracha (f)	susk	سوسک
garrapata (f)	kane	کنه
pulga (f)	kak	کک
mosca (f) negra	paše-ye rize	پشه ریزه
langosta (f)	malax	ملخ
caracol (m)	halazun	حلزون
grillo (m)	jirjirak	جیرجیرک
luciérnaga (f)	kerm-e šab-tāb	کرم شب تاب
mariquita (f)	kafšduzak	کفشدوزک
sanjuanero (m)	susk bāldār	سوسک بالدار
sanguijuela (f)	zālu	زالو
oruga (f)	kerm-e abrišam	کرم ابریشم
lombriz (m) de tierra	kerm	کرم
larva (f)	lārv	لارو

TP BOOKS

LA FLORA

94. Los árboles
95. Los arbustos
96. Las frutas. Las bayas
97. Las flores. Las plantas
98. Los cereales, los granos

T&P Books Publishing

árbol (m)	deraxt	درخت
foliáceo (adj)	barg riz	برگ ریز
conífero (adj)	maxrutiyān	مخروطیان
de hoja perenne	hamiše sabz	همیشه سبز
manzano (m)	deraxt-e sib	درخت سیب
peral (m)	golābi	گلابی
cerezo (m)	gilās	گیلاس
guindo (m)	ālbālu	آلبالو
ciruelo (m)	ālu	آلو
abedul (m)	tus	توس
roble (m)	balut	بلوط
tilo (m)	zirfun	زیرفون
pobo (m)	senowbar-e larzān	صنوبر لرزان
arce (m)	afrā	افرا
pícea (f)	senowbar	صنوبر
pino (m)	kāj	کاج
alerce (m)	senowbar-e ārāste	صنوبر آراسته
abeto (m)	šāh deraxt	شاه درخت
cedro (m)	sedr	سدر
álamo (m)	sepidār	سپیدار
serbal (m)	zabān gonješk-e kuhi	زبان گنجشک کوهی
sauce (m)	bid	بید
aliso (m)	tuskā	توسکا
haya (f)	rāš	راش
olmo (m)	nārvan-e qermez	نارون قرمز
fresno (m)	zabān-e gonješk	زبان گنجشک
castaño (m)	šāh balut	شاه بلوط
magnolia (f)	māgnoliyā	ماگنولیا
palmera (f)	naxl	نخل
ciprés (m)	sarv	سرو
mangle (m)	karnā	کرنا
baobab (m)	bāobāb	بائوباب
eucalipto (m)	okaliptus	اوکالیپتوس
secoya (f)	sorx-e čub	سرخ چوب

95. Los arbustos

mata (f)	bute	بوته
arbusto (m)	bute zār	بوته زار
vid (f)	angur	انگور
viñedo (m)	tākestān	تاکستان
frambueso (m)	tamešk	تمشک
grosellero (m) negro	angur-e farangi-ye siyāh	انگور فرنگی سیاه
grosellero (m) rojo	angur-e farangi-ye sorx	انگور فرنگی سرخ
grosellero (m) espinoso	angur-e farangi	انگور فرنگی
acacia (f)	aqāqiyā	اقاقیا
berberís (m)	zerešk	زرشک
jazmín (m)	yāsaman	یاسمن
enebro (m)	ardaj	اردج
rosal (m)	bute-ye gol-e mohammadi	بوتهٔ گل محمدی
escaramujo (m)	nastaran	نسترن

96. Las frutas. Las bayas

fruto (m)	mive	میوه
frutos (m pl)	mive jāt	میوه جات
manzana (f)	sib	سیب
pera (f)	golābi	گلابی
ciruela (f)	ālu	آلو
fresa (f)	tut-e farangi	توت فرنگی
guinda (f)	ālbālu	آلبالو
cereza (f)	gilās	گیلاس
uva (f)	angur	انگور
frambuesa (f)	tamešk	تمشک
grosella (f) negra	angur-e farangi-ye siyāh	انگور فرنگی سیاه
grosella (f) roja	angur-e farangi-ye sorx	انگور فرنگی سرخ
grosella (f) espinosa	angur-e farangi	انگور فرنگی
arándano (m) agrio	nārdānak-e vahši	ناردانک وحشی
naranja (f)	porteqāl	پرتقال
mandarina (f)	nārengi	نارنگی
piña (f)	ānānās	آناناس
banana (f)	mowz	موز
dátil (m)	xormā	خرما
limón (m)	limu	لیمو
albaricoque (m)	zardālu	زردآلو

melocotón (m)	holu	هلو
kiwi (m)	kivi	کیوی
toronja (f)	gerip forut	گریپ فوروت
baya (f)	mive-ye butei	میوهٔ بوته ای
bayas (f pl)	mivehā-ye butei	میوه های بوته ای
arándano (m) rojo	tut-e farangi-ye jangali	توت فرنگی جنگلی
fresa (f) silvestre	zoqāl axte	زغال اخته
arándano (m)	zoqāl axte	زغال اخته

97. Las flores. Las plantas

flor (f)	gol	گل
ramo (m) de flores	daste-ye gol	دسته گل
rosa (f)	gol-e sorx	گل سرخ
tulipán (m)	lāle	لاله
clavel (m)	mixak	میخک
gladiolo (m)	susan-e sefid	سوسن سفید
aciano (m)	gol-e gandom	گل گندم
campanilla (f)	gol-e estekāni	گل استکانی
diente (m) de león	gol-e qāsedak	گل قاصدک
manzanilla (f)	bābune	بابونه
áloe (m)	oloviye	آلوئه
cacto (m)	kāktus	کاکتوس
ficus (m)	fikus	فیکوس
azucena (f)	susan	سوسن
geranio (m)	gol-e šamʿdāni	گل شمعدانی
jacinto (m)	sonbol	سنبل
mimosa (f)	mimosā	میموسا
narciso (m)	narges	نرگس
capuchina (f)	gol-e lādan	گل لادن
orquídea (f)	orkide	ارکیده
peonía (f)	gol-e ašrafi	گل اشرفی
violeta (f)	banafše	بنفشه
trinitaria (f)	banafše-ye farangi	بنفشه فرنگی
nomeolvides (f)	gol-e farāmuš-am makon	گل فراموشم مکن
margarita (f)	gol-e morvārid	گل مروارید
amapola (f)	xašxāš	خشخاش
cáñamo (m)	šāh dāne	شاه دانه
menta (f)	naʿnāʿ	نعناع
muguete (m)	muge	موگه
campanilla (f) de las nieves	gol-e barfi	گل برفی

ortiga (f)	gazane	گزنه
acedera (f)	toršak	ترشک
nenúfar (m)	nilufar-e abi	نیلوفر آبی
helecho (m)	saraxs	سرخس
liquen (m)	golesang	گلسنگ

invernadero (m) tropical	golxāne	گلخانه
césped (m)	čaman	چمن
macizo (m) de flores	baqče-ye gol	باغچه گل

planta (f)	giyāh	گیاه
hierba (f)	alaf	علف
hoja (f) de hierba	alaf	علف

hoja (f)	barg	برگ
pétalo (m)	golbarg	گلبرگ
tallo (m)	sāqe	ساقه
tubérculo (m)	riše	ریشه

| retoño (m) | javāne | جوانه |
| espina (f) | xār | خار |

florecer (vi)	gol kardan	گل کردن
marchitarse (vr)	pažmorde šodan	پژمرده شدن
olor (m)	bu	بو
cortar (vt)	boridan	بریدن
coger (una flor)	kandan	کندن

98. Los cereales, los granos

grano (m)	dāne	دانه
cereales (m pl) (plantas)	qallāt	غلات
espiga (f)	xuše	خوشه

trigo (m)	gandom	گندم
centeno (m)	čāvdār	چاودار
avena (f)	jow-e sahrāyi	جو صحرایی

| mijo (m) | arzan | ارزن |
| cebada (f) | jow | جو |

maíz (m)	zorrat	ذرت
arroz (m)	berenj	برنج
alforfón (m)	gandom-e siyāh	گندم سیاه

guisante (m)	noxod	نخود
fréjol (m)	lubiyā qermez	لوبیا قرمز
soya (f)	sowyā	سویا
lenteja (f)	adas	عدس
habas (f pl)	lubiyā	لوبیا

LOS PAÍSES

99. Los países. Unidad 1
100. Los países. Unidad 2
101. Los países. Unidad 3

T&P Books Publishing

Afganistán (m)	afqānestān	افغانستان
Albania (f)	ālbāni	آلبانی
Alemania (f)	ālmān	آلمان
Arabia (f) Saudita	arabestān-e soʻudi	عربستان سعودی
Argentina (f)	āržāntin	آرژانتین
Armenia (f)	armanestān	ارمنستان
Australia (f)	ostorāliyā	استرالیا
Austria (f)	otriš	اتریش
Azerbaiyán (m)	āzarbāyjān	آذربایجان
Bangladesh (m)	bangelādeš	بنگلادش
Bélgica (f)	belžik	بلژیک
Bielorrusia (f)	belārus	بلاروس
Bolivia (f)	bulivi	بولیوی
Bosnia y Herzegovina	bosni-yo herzogovin	بوسنی وهرزگوین
Brasil (m)	berezil	برزیل
Bulgaria (f)	bolqārestān	بلغارستان
Camboya (f)	kāmboj	کامبوج
Canadá (f)	kānādā	کانادا
Chequia (f)	jomhuri-ye ček	جمهوری چک
Chile (m)	šhili	شیلی
China (f)	čin	چین
Chipre (m)	qebres	قبرس
Colombia (f)	kolombiyā	کلمبیا
Corea (f) del Norte	kare-ye šomāli	کرهٔ شمالی
Corea (f) del Sur	kare-ye jonubi	کرهٔ جنوبی
Croacia (f)	korovāsi	کرواسی
Cuba (f)	kubā	کوبا
Dinamarca (f)	dānmārk	دانمارک
Ecuador (m)	ekvādor	اکوادور
Egipto (m)	mesr	مصر
Emiratos (m pl) Árabes Unidos	emārāt-e mottahede-ye arabi	امارات متحده عربی
Escocia (f)	eskātland	اسکاتلند
Eslovaquia (f)	eslovāki	اسلواکی
Eslovenia (f)	eslovoni	اسلوونی
España (f)	espāniyā	اسپانیا
Estados Unidos de América	eyālāt-e mottahede-ye emrikā	ایالات متحدهٔ امریکا
Estonia (f)	estoni	استونی
Finlandia (f)	fanlānd	فنلاند
Francia (f)	farānse	فرانسه

100. Los países. Unidad 2

Georgia (f)	gorjestān	گرجستان
Ghana (f)	qanā	غنا
Gran Bretaña (f)	beritāniyā-ye kabir	بریتانیای کبیر
Grecia (f)	yunān	یونان
Haití (m)	hāiti	هائیتی
Hungría (f)	majārestān	مجارستان
India (f)	hendustān	هندوستان
Indonesia (f)	andonezi	اندونزی
Inglaterra (f)	engelestān	انگلستان
Irak (m)	arāq	عراق
Irán (m)	irān	ایران
Irlanda (f)	irland	ایرلند
Islandia (f)	island	ایسلند
Islas (f pl) Bahamas	bāhāmā	باهاما
Israel (m)	esrāil	اسرائیل
Italia (f)	itāliyā	ایتالیا
Jamaica (f)	jāmāikā	جامائیکا
Japón (m)	žāpon	ژاپن
Jordania (f)	ordon	اردن
Kazajstán (m)	qazzāqestān	قزاقستان
Kenia (f)	keniyā	کنیا
Kirguizistán (m)	qerqizestān	قرقیزستان
Kuwait (m)	koveyt	کویت
Laos (m)	lāus	لائوس
Letonia (f)	letuni	لتونی
Líbano (m)	lobnān	لبنان
Libia (f)	libi	لیبی
Liechtenstein (m)	lixteneštāyn	لیختن‌اشتاین
Lituania (f)	litvāni	لیتوانی
Luxemburgo (m)	lokzāmborg	لوکزامبورگ
Macedonia	jomhuri-ye maqduniye	جمهوری مقدونیه
Madagascar (m)	mādāgāskār	ماداگاسکار
Malasia (f)	mālezi	مالزی
Malta (f)	mālt	مالت
Marruecos (m)	marākeš	مراکش
Méjico (m)	mekzik	مکزیک
Moldavia (f)	moldāvi	مولداوی
Mónaco (m)	monāko	موناکو
Mongolia (f)	moqolestān	مغولستان
Montenegro (m)	montenegro	مونتنگرو
Myanmar (m)	miyānmār	میانمار

101. Los países. Unidad 3

Namibia (f)	nāmibiyā	نامیبیا
Nepal (m)	nepāl	نپال
Noruega (f)	norvež	نروژ
Nueva Zelanda (f)	niyuzland	نیوزلند

Países Bajos (m pl)	holand	هلند
Pakistán (m)	pākestān	پاکستان
Palestina (f)	felestin	فلسطین
Panamá (f)	pānāmā	پاناما
Paraguay (m)	pārāgue	پاراگوئه
Perú (m)	porov	پرو
Polinesia (f) Francesa	polinezi-ye farānse	پلینزی فرانسه
Polonia (f)	lahestān	لهستان
Portugal (m)	porteqāl	پرتغال

República (f) Dominicana	jomhuri-ye dominikan	جمهوری دومینیکن
República (f) Sudafricana	jomhuri-ye āfriqā-ye jonubi	جمهوری آفریقای جنوبی
Rumania (f)	romāni	رومانی
Rusia (f)	rusiye	روسیه

Senegal (m)	senegāl	سنگال
Serbia (f)	serbestān	صربستان
Siria (f)	suriye	سوریه
Suecia (f)	sued	سوئد
Suiza (f)	suis	سوئیس
Surinam (m)	surinām	سورینام

Tayikistán (m)	tājikestān	تاجیکستان
Tailandia (f)	tāyland	تایلند
Taiwán (m)	tāyvān	تایوان
Tanzania (f)	tānzāniyā	تانزانیا
Tasmania (f)	tāsmāni	تاسمانی
Túnez (m)	tunes	تونس
Turkmenistán (m)	torkamanestān	ترکمنستان
Turquía (f)	torkiye	ترکیه

Ucrania (f)	okrāyn	اوکراین
Uruguay (m)	orogue	اوروگوئه
Uzbekistán (m)	ozbakestān	ازبکستان
Vaticano (m)	vātikān	واتیکان
Venezuela (f)	venezuelā	ونزوئلا
Vietnam (m)	viyetnām	ویتنام
Zanzíbar (m)	zangbār	زنگبار

GLOSARIO GASTRONÓMICO

Esta sección contiene una
gran cantidad de palabras y
términos asociados con la
comida. Este diccionario le hará
más fácil la comprensión
del menú de un restaurante y
la elección del plato adecuado

Español-Persa glosario gastronómico

Español	Persa (transliteración)	فارسی
¡Que aproveche!	nuš-e jān	نوش جان
abrebotellas (m)	dar bāz kon	در بازکن
abrelatas (m)	dar bāz kon	در بازکن
aceite (m) de girasol	rowqan āftābgardān	روغن آفتاب گردان
aceite (m) de oliva	rowqan-e zeytun	روغن زیتون
aceite (m) vegetal	rowqan-e nabāti	روغن نباتی
agua (f)	āb	آب
agua (f) mineral	āb-e maʿdani	آب معدنی
agua (f) potable	āb-e āšāmidani	آب آشامیدنی
aguacate (m)	āvokādo	اووکادو
ahumado (adj)	dudi	دودی
ajo (m)	sir	سیر
albahaca (f)	reyhān	ریحان
albaricoque (m)	zardālu	زردآلو
alcachofa (f)	kangar farangi	کنگرفرنگی
alforfón (m)	gandom-e siyāh	گندم سیاه
almendra (f)	bādām	بادام
almuerzo (m)	nāhār	ناهار
amargo (adj)	talx	تلخ
anís (m)	rāziyāne	رازیانه
anguila (f)	mārmāhi	مارماهی
aperitivo (m)	mašrub-e piš qazā	مشروب پیش غذا
apetito (m)	eštehā	اشتها
apio (m)	karafs	کرفس
arándano (m)	zoqāl axte	زغال اخته
arándano (m) agrio	nārdānak-e vahši	ناردانک وحشی
arándano (m) rojo	tut-e farangi-ye jangali	توت فرنگی جنگلی
arenque (m)	māhi-ye šur	ماهی شور
arroz (m)	berenj	برنج
atún (m)	tan māhi	تن ماهی
avellana (f)	fandoq	فندق
avena (f)	jow-e sahrāyi	جو صحرایی
azúcar (m)	qand	قند
azafrán (m)	zaʿferān	زعفران
azucarado, dulce (adj)	širin	شیرین
bacalao (m)	māhi-ye rowqan	ماهی روغن
banana (f)	mowz	موز
bar (m)	bār	بار
barman (m)	motesaddi-ye bār	متصدی بار
batido (m)	kuktele šir	کوکتل شیر
baya (f)	mive-ye butei	میوهٔ بوته ای
bayas (f pl)	mivehā-ye butei	میوه های بوته ای
bebida (f) sin alcohol	nušābe-ye bi alkol	نوشابهٔ بی الکل
bebidas (f pl) alcohólicas	mašrubāt-e alkoli	مشروبات الکلی

beicon (m)	beykon	بیکن
berenjena (f)	bādenjān	بادنجان
bistec (m)	esteyk	استیک
bocadillo (m)	sāndevič	ساندویچ
boleto (m) áspero	qārč-e bulet	قارچ بولت
boleto (m) castaño	samāruq	سماروق
brócoli (m)	kalam borokli	کلم بروکلی
brema (f)	māhi-ye sim	ماهی سیم
cóctel (m)	kuktel	کوکتل
caballa (f)	māhi-ye esqumeri	ماهی اسقومری
cacahuete (m)	bādām zamin-i	بادام زمینی
café (m)	qahve	قهوه
café (m) con leche	šir-qahve	شیرقهوه
café (m) solo	qahve-ye talx	قهوهٔ تلخ
café (m) soluble	qahve-ye fowri	قهوه فوری
calabacín (m)	kadu sabz	کدو سبز
calabaza (f)	kadu tanbal	کدو تنبل
calamar (m)	māhi-ye morakkab	ماهی مرکب
caldo (m)	pāye-ye sup	پایه سوپ
caliente (adj)	dāq	داغ
caloría (f)	kālori	کالری
camarón (m)	meygu	میگو
camarera (f)	pišxedmat	پیشخدمت
camarero (m)	pišxedmat	پیشخدمت
canela (f)	dārčin	دارچین
cangrejo (m) de mar	xarčang	خرچنگ
capuchino (m)	kāpočino	کاپوچینو
caramelo (m)	āb nabāt	آب نبات
carbohidratos (m pl)	karbohidrāt-hā	کربو هیدرات ها
carne (f)	gušt	گوشت
carne (f) de carnero	gušt-e gusfand	گوشت گوسفند
carne (f) de cerdo	gušt-e xuk	گوشت خوک
carne (f) de ternera	gušt-e gusāle	گوشت گوساله
carne (f) de vaca	gušt-e gāv	گوشت گاو
carne (f) picada	hamberger	همبرگر
carpa (f)	kapur	کپور
carta (f) de vinos	kārt-e šarāb	کارت شراب
carta (f), menú (m)	meno	منو
caviar (m)	xāviār	خاویار
caza (f) menor	gušt-e šekār	گوشت شکار
cebada (f)	jow	جو
cebolla (f)	piyāz	پیاز
cena (f)	šām	شام
centeno (m)	čāvdār	چاودار
cereales (m pl)	qallāt	غلات
cereales (m pl) integrales	hobubāt	حبوبات
cereza (f)	gilās	گیلاس
cerveza (f)	ābejow	آبجو
cerveza (f) negra	ābejow-ye tire	آبجوی تیره
cerveza (f) rubia	ābejow-ye sabok	آبجوی سبک
champaña (f)	šāmpāyn	شامپاین
chicle (m)	ādāms	آدامس

chocolate (m)	šokolāt	شکلات
cilantro (m)	gešniz	گشنیز
ciruela (f)	ālu	آلو
clara (f)	sefide-ye toxm-e morq	سفیده تخم مرغ
clavo (m)	mixak	میخک
coñac (m)	konyāk	کنیاک
cocido en agua (adj)	āb paz	آب پز
cocina (f)	qazā	غذا
col (f)	kalam	کلم
col (f) de Bruselas	koll-am boruksel	کلم بروکسل
coliflor (f)	gol kalam	گل کلم
colmenilla (f)	qārč-e morkelā	قارچ مورکلا
comida (f)	qazā	غذا
comino (m)	zire	زیره
con gas	gāzdār	گازدار
con hielo	yax dār	یخ دار
condimento (m)	adviye	ادویه
conejo (m)	xarguš	خرگوش
confitura (f)	morabbā	مربا
confitura (f)	morabbā	مربا
congelado (adj)	yax zade	یخ زده
conservas (f pl)	konserv-hā	کنسرو ها
copa (f) de vino	gilās-e šarāb	گیلاس شراب
copos (m pl) de maíz	bereštuk	برشتوک
crema (f) de mantequilla	xāme	خامه
crustáceos (m pl)	saxtpustān	سخت‌پوستان
cuchara (f)	qāšoq	قاشق
cuchara (f) de sopa	qāšoq sup xori	قاشق سوپ خوری
cucharilla (f)	qāšoq čāy xori	قاشق چای خوری
cuchillo (m)	kārd	کارد
cuenta (f)	surat hesāb	صورت حساب
dátil (m)	xormā	خرما
de chocolate (adj)	šokolāti	شکلاتی
desayuno (m)	sobhāne	صبحانه
dieta (f)	režim	رژیم
eneldo (m)	šavid	شوید
ensalada (f)	sālād	سالاد
entremés (m)	piš qazā	پیش غذا
espárrago (m)	mārčube	مارچوبه
espagueti (m)	espāgeti	اسپاگتی
especia (f)	adviye	ادویه
espiga (f)	xuše	خوشه
espinaca (f)	esfenāj	اسفناج
esturión (m)	māhi-ye xāviār	ماهی خاویار
fletán (m)	halibut	هالیبوت
fréjol (m)	lubiyā qermez	لوبیا قرمز
frío (adj)	sard	سرد
frambuesa (f)	tamešk	تمشک
fresa (f)	tut-e farangi	توت فرنگی
fresa (f) silvestre	zoqāl axte	زغال اخته
frito (adj)	sorx šode	سرخ شده
fruto (m)	mive	میوه

frutos (m pl)	mive jāt	میوه جات
gachas (f pl)	šurbā	شوریا
galletas (f pl)	biskuit	بیسکوییت
gallina (f)	morq	مرغ
ganso (m)	qāz	غاز
gaseoso (adj)	gāzdār	گازدار
ginebra (f)	jin	جین
gofre (m)	vāfel	وافل
granada (f)	anār	انار
grano (m)	dāne	دانه
grasas (f pl)	čarbi-hā	چربی ها
grosella (f) espinosa	angur-e farangi	انگور فرنگی
grosella (f) negra	angur-e farangi-ye siyāh	انگور فرنگی سیاه
grosella (f) roja	angur-e farangi-ye sorx	انگور فرنگی سرخ
guarnición (f)	moxallafāt	مخلفات
guinda (f)	ālbālu	آلبالو
guisante (m)	noxod	نخود
hígado (m)	jegar	جگر
habas (f pl)	lubiyā	لوبیا
hamburguesa (f)	hamberger	همبرگر
harina (f)	ārd	آرد
helado (m)	bastani	بستنی
hielo (m)	yax	یخ
higo (m)	anjir	انجیر
hoja (f) de laurel	barg-e bu	برگ بو
huevo (m)	toxm-e morq	تخم مرغ
huevos (m pl)	toxm-e morq-ha	تخم مرغ ها
huevos (m pl) fritos	nimru	نیمرو
jamón (m)	žāmbon	ژامبون
jamón (m) fresco	rān xuk	ران خوک
jengibre (m)	zanjefil	زنجفیل
jugo (m) de tomate	āb-e gowjefarangi	آب گوجه فرنگی
kiwi (m)	kivi	کیوی
langosta (f)	xarčang-e xārdār	خرچنگ خاردار
leche (f)	šir	شیر
leche (f) condensada	šir-e čegāl	شیر چگال
lechuga (f)	kāhu	کاهو
legumbres (f pl)	sabzijāt	سبزیجات
lengua (f)	zabān	زبان
lenguado (m)	sofre māhi	سفره ماهی
lenteja (f)	adas	عدس
licor (m)	likor	لیکور
limón (m)	limu	لیمو
limonada (f)	limunād	لیموناد
loncha (f)	qet'e	قطعه
lucio (m)	ordak māhi	اردک ماهی
lucioperca (f)	suf	سوف
maíz (m)	zorrat	ذرت
maíz (m)	zorrat	ذرت
macarrones (m pl)	mākāroni	ماکارونی
mandarina (f)	nārengi	نارنگی
mango (m)	anbe	انبه

mantequilla (f)	kare	کره
manzana (f)	sib	سیب
margarina (f)	mārgārin	مارگارین
marinado (adj)	torši	ترشی
mariscos (m pl)	qazā-ye daryāyi	غذای دریایی
matamoscas (m)	qārč-e magas	قارچ مگس
mayonesa (f)	māyonez	مایونز
melón (m)	xarboze	خربزه
melocotón (m)	holu	هلو
mermelada (f)	mārmālād	مارمالاد
miel (f)	asal	عسل
miga (f)	zarre	ذره
mijo (m)	arzan	ارزن
mini tarta (f)	nān-e širini	نان شیرینی
mondadientes (m)	xelāl-e dandān	خلال دندان
mostaza (f)	xardal	خردل
nabo (m)	šalqam	شلغم
naranja (f)	porteqāl	پرتقال
nata (f) agria	xāme-ye torš	خامهٔ ترش
nata (f) líquida	saršir	سرشیر
nuez (f)	gerdu	گردو
nuez (f) de coco	nārgil	نارگیل
olivas, aceitunas (f pl)	zeytun	زیتون
oronja (f) verde	kolāhak-e marg	کلاهک مرگ
ostra (f)	sadaf-e xorāki	صدف خوراکی
pan (m)	nān	نان
papaya (f)	pāpāyā	پاپایا
paprika (f)	paprika	پاپریکا
pasas (f pl)	kešmeš	کشمش
pasteles (m pl)	širini jāt	شیرینی جات
paté (m)	pāte	پاته
patata (f)	sib zamini	سیب زمینی
pato (m)	ordak	اردک
pava (f)	gušt-e buqalamun	گوشت بوقلمون
pedazo (m)	tekke	تکه
pepino (m)	xiyār	خیار
pera (f)	golābi	گلابی
perca (f)	māhi-e luti	ماهی لوتی
perejil (m)	ja'fari	جعفری
pescado (m)	māhi	ماهی
piña (f)	ānānās	آناناس
piel (f)	pust	پوست
pimienta (f) negra	felfel-e siyāh	فلفل سیاه
pimienta (f) roja	felfel-e sorx	فلفل سرخ
pimiento (m) dulce	felfel	فلفل
pistachos (m pl)	peste	پسته
pizza (f)	pitzā	پیتزا
platillo (m)	na'lbeki	نعلبکی
plato (m)	qazā	غذا
plato (m)	bošqāb	بشقاب
pomelo (m)	gerip forut	گریپ فروت
porción (f)	pors	پرس

postre (m)	deser	دسر
propina (f)	an'ām	انعام
proteínas (f pl)	porotein	پروتئین
pudin (m)	puding	پودینگ
puré (m) de patatas	pure-ye sibi zamini	پورهٔ سیب زمینی
queso (m)	panir	پنیر
rábano (m)	torobče	تربچه
rábano (m) picante	torob-e kuhi	ترب کوهی
rúsula (f)	qārč-e tiqe-ye tord	قارچ تیغه ترد
rebozuelo (m)	qārč-e zard	قارچ زرد
receta (f)	dastur-e poxt	دستور پخت
refresco (m)	nušābe-ye xonak	نوشابهٔ خنک
regusto (m)	maze	مزه
relleno (m)	čāšni	چاشنی
remolacha (f)	čoqondar	چغندر
ron (m)	araq-e neyšekar	عرق نیشکر
sésamo (m)	konjed	کنجد
sabor (m)	maze	مزه
sabroso (adj)	xoš mazze	خوش مزه
sacacorchos (m)	dar bāz kon	در بازکن
sal (f)	namak	نمک
salado (adj)	šur	شور
salchichón (m)	kālbās	کالباس
salchicha (f)	sosis	سوسیس
salmón (m)	māhi-ye salemon	ماهی سالمون
salmón (m) del Atlántico	sālmon-e atlāntik	سالمون اتلانتیک
salsa (f)	ses	سس
sandía (f)	hendevāne	هندوانه
sardina (f)	sārdin	ساردین
seco (adj)	xošk	خشک
seta (f)	qārč	قارچ
seta (f) comestible	qārč-e xorāki	قارچ خوراکی
seta (f) venenosa	qārč-e sammi	قارچ سمی
seta calabaza (f)	qārč-e sefid	قارچ سفید
siluro (m)	gorbe-ye māhi	گربه ماهی
sin alcohol	bi alkol	بی الکل
sin gas	bedun-e gāz	بدون گاز
sopa (f)	sup	سوپ
soya (f)	sowyā	سویا
té (m)	čāy	چای
té (m) negro	čāy-e siyāh	چای سیاه
té (m) verde	čāy-e sabz	چای سبز
tallarines (m pl)	rešte-ye farangi	رشته فرنگی
tarta (f)	širini	شیرینی
tarta (f)	keyk	کیک
taza (f)	fenjān	فنجان
tenedor (m)	čangāl	چنگال
tiburón (m)	kuse-ye māhi	کوسه ماهی
tomate (m)	gowje farangi	گوجه فرنگی
tortilla (f) francesa	ommol-at	املت
trigo (m)	gandom	گندم
trucha (f)	māhi-ye qezelālā	ماهی قزل آلا

uva (f)	angur	انگور
vaso (m)	estekān	استکان
vegetariano (adj)	giyāh xāri	گیاه خواری
vegetariano (m)	giyāh xār	گیاه خوار
verduras (f pl)	sabzi	سبزی
vermú (m)	vermut	ورموت
vinagre (m)	serke	سرکه
vino (m)	šarāb	شراب
vino (m) blanco	šarāb-e sefid	شراب سفید
vino (m) tinto	šarāb-e sorx	شراب سرخ
vitamina (f)	vitāmin	ویتامین
vodka (m)	vodkā	ودکا
whisky (m)	viski	ویسکی
yema (f)	zarde-ye toxm-e morq	زرده تخم مرغ
yogur (m)	mās-at	ماست
zanahoria (f)	havij	هویج
zarzamoras (f pl)	šāh tut	شاه توت
zumo (m) de naranja	āb-e porteqāl	آب پرتقال
zumo (m) fresco	āb-e mive-ye taze	آب میوهٔ تازه
zumo (m), jugo (m)	āb-e mive	آب میوه

نعلبکی	na'lbeki	platillo (m)
استکان	estekān	vaso (m)
گیلاس شراب	gilās-e šarāb	copa (f) de vino
گوشت	gušt	carne (f)
مرغ	morq	gallina (f)
اردک	ordak	pato (m)
غاز	qāz	ganso (m)
گوشت شکار	gušt-e šekār	caza (f) menor
گوشت بوقلمون	gušt-e buqalamun	pava (f)
گوشت خوک	gušt-e xuk	carne (f) de cerdo
گوشت گوساله	gušt-e gusāle	carne (f) de ternera
گوشت گوسفند	gušt-e gusfand	carne (f) de carnero
گوشت گاو	gušt-e gāv	carne (f) de vaca
خرگوش	xarguš	conejo (m)
کالباس	kālbās	salchichón (m)
سوسیس	sosis	salchicha (f)
بیکن	beykon	beicon (m)
ژامبون	žāmbon	jamón (m)
ران خوک	rān xuk	jamón (m) fresco
پاته	pāte	paté (m)
جگر	jegar	hígado (m)
همبرگر	hamberger	carne (f) picada
زبان	zabān	lengua (f)
تخم مرغ	toxm-e morq	huevo (m)
تخم مرغ ها	toxm-e morq-ha	huevos (m pl)
سفیده تخم مرغ	sefide-ye toxm-e morq	clara (f)
زرده تخم مرغ	zarde-ye toxm-e morq	yema (f)
ماهی	māhi	pescado (m)
غذای دریایی	qazā-ye daryāyi	mariscos (m pl)
سخت‌پوستان	saxtpustān	crustáceos (m pl)
خاویار	xāviār	caviar (m)
خرچنگ	xarčang	cangrejo (m) de mar
میگو	meygu	camarón (m)
صدف خوراکی	sadaf-e xorāki	ostra (f)
خرچنگ خاردار	xarčang-e xārdār	langosta (f)
ماهی مرکب	māhi-ye morakkab	calamar (m)
ماهی خاویار	māhi-ye xāviār	esturión (m)
ماهی سالمون	māhi-ye salemon	salmón (m)
هالیبوت	halibut	fletán (m)
ماهی روغن	māhi-ye rowqan	bacalao (m)
ماهی اسقومری	māhi-ye esqumeri	caballa (f)
تن ماهی	tan māhi	atún (m)
مارماهی	mārmāhi	anguila (f)
ماهی قزل آلا	māhi-ye qezelālā	trucha (f)

ساردین	sārdin	sardina (f)
اردک ماهی	ordak māhi	lucio (m)
ماهی شور	māhi-ye šur	arenque (m)
نان	nān	pan (m)
پنیر	panir	queso (m)
قند	qand	azúcar (m)
نمک	namak	sal (f)
برنج	berenj	arroz (m)
ماکارونی	mākāroni	macarrones (m pl)
رشته فرنگی	rešte-ye farangi	tallarines (m pl)
کره	kare	mantequilla (f)
روغن نباتی	rowqan-e nabāti	aceite (m) vegetal
روغن آفتاب گردان	rowqan āftābgardān	aceite (m) de girasol
مارگارین	mārgārin	margarina (f)
زیتون	zeytun	olivas, aceitunas (f pl)
روغن زیتون	rowqan-e zeytun	aceite (m) de oliva
شیر	šir	leche (f)
شیر چگال	šir-e čegāl	leche (f) condensada
ماست	mās-at	yogur (m)
خامهٔ ترش	xāme-ye torš	nata (f) agria
سرشیر	saršir	nata (f) líquida
مایونز	māyonez	mayonesa (f)
خامه	xāme	crema (f) de mantequilla
حبوبات	hobubāt	cereales (m pl) integrales
آرد	ārd	harina (f)
کنسرو ها	konserv-hā	conservas (f pl)
برشتوک	bereštuk	copos (m pl) de maíz
عسل	asal	miel (f)
مربا	morabbā	confitura (f)
آدامس	ādāms	chicle (m)
آب	āb	agua (f)
آب آشامیدنی	āb-e āšāmidani	agua (f) potable
آب معدنی	āb-e ma'dani	agua (f) mineral
بدون گاز	bedun-e gāz	sin gas
گازدار	gāzdār	gaseoso (adj)
گازدار	gāzdār	con gas
یخ	yax	hielo (m)
یخ دار	yax dār	con hielo
بی الکل	bi alkol	sin alcohol
نوشابهٔ بی الکل	nušābe-ye bi alkol	bebida (f) sin alcohol
نوشابهٔ خنک	nušābe-ye xonak	refresco (m)
لیموناد	limunād	limonada (f)
مشروبات الکلی	mašrubāt-e alkoli	bebidas (f pl) alcohólicas
شراب	šarāb	vino (m)
شراب سفید	šarāb-e sefid	vino (m) blanco
شراب سرخ	šarāb-e sorx	vino (m) tinto
لیکور	likor	licor (m)
شامپاین	šāmpāyn	champaña (f)
ورموت	vermut	vermú (m)
ویسکی	viski	whisky (m)
ودکا	vodkā	vodka (m)
جین	jin	ginebra (f)

کنیاک	konyāk	coñac (m)
عرق نیشکر	araq-e neyšekar	ron (m)
قهوه	qahve	café (m)
قهوۀ تلخ	qahve-ye talx	café (m) solo
شیرقهوه	šir-qahve	café (m) con leche
کاپوچینو	kāpočino	capuchino (m)
قهوه فوری	qahve-ye fowri	café (m) soluble
کوکتل	kuktel	cóctel (m)
کوکتل شیر	kuktele šir	batido (m)
آب میوه	āb-e mive	zumo (m), jugo (m)
آب گوجه فرنگی	āb-e gowjefarangi	jugo (m) de tomate
آب پرتقال	āb-e porteqāl	zumo (m) de naranja
آب میوۀ تازه	āb-e mive-ye taze	zumo (m) fresco
آبجو	ābejow	cerveza (f)
آبجوی سبک	ābejow-ye sabok	cerveza (f) rubia
آبجوی تیره	ābejow-ye tire	cerveza (f) negra
چای	čāy	té (m)
چای سیاه	čāy-e siyāh	té (m) negro
چای سبز	čāy-e sabz	té (m) verde
سبزیجات	sabzijāt	legumbres (f pl)
سبزی	sabzi	verduras (f pl)
گوجه فرنگی	gowje farangi	tomate (m)
خیار	xiyār	pepino (m)
هویج	havij	zanahoria (f)
سیب زمینی	sib zamini	patata (f)
پیاز	piyāz	cebolla (f)
سیر	sir	ajo (m)
کلم	kalam	col (f)
گل کلم	gol kalam	coliflor (f)
کلم بروکسل	koll-am boruksel	col (f) de Bruselas
کلم بروکلی	kalam borokli	brócoli (m)
چغندر	čoqondar	remolacha (f)
بادنجان	bādenjān	berenjena (f)
کدو سبز	kadu sabz	calabacín (m)
کدو تنبل	kadu tanbal	calabaza (f)
شلغم	šalqam	nabo (m)
جعفری	ja'fari	perejil (m)
شوید	šavid	eneldo (m)
کاهو	kāhu	lechuga (f)
کرفس	karafs	apio (m)
مارچوبه	mārčube	espárrago (m)
اسفناج	esfenāj	espinaca (f)
نخود	noxod	guisante (m)
لوبیا	lubiyā	habas (f pl)
ذرت	zorrat	maíz (m)
لوبیا قرمز	lubiyā qermez	fréjol (m)
فلفل	felfel	pimiento (m) dulce
تربچه	torobče	rábano (m)
کنگرفرنگی	kangar farangi	alcachofa (f)
میوه	mive	fruto (m)
سیب	sib	manzana (f)
گلابی	golābi	pera (f)

لیمو	limu	limón (m)
پرتقال	porteqāl	naranja (f)
توت فرنگی	tut-e farangi	fresa (f)
نارنگی	nārengi	mandarina (f)
آلو	ālu	ciruela (f)
هلو	holu	melocotón (m)
زردآلو	zardālu	albaricoque (m)
تمشک	tamešk	frambuesa (f)
آناناس	ānānās	piña (f)
موز	mowz	banana (f)
هندوانه	hendevāne	sandía (f)
انگور	angur	uva (f)
آلبالو	ālbālu	guinda (f)
گیلاس	gilās	cereza (f)
خربزه	xarboze	melón (m)
گریپ فوروت	gerip forut	pomelo (m)
اووکادو	āvokādo	aguacate (m)
پاپایا	pāpāyā	papaya (f)
انبه	anbe	mango (m)
انار	anār	granada (f)
انگور فرنگی سرخ	angur-e farangi-ye sorx	grosella (f) roja
انگور فرنگی سیاه	angur-e farangi-ye siyāh	grosella (f) negra
انگور فرنگی	angur-e farangi	grosella (f) espinosa
زغال اخته	zoqāl axte	arándano (m)
شاه توت	šāh tut	zarzamoras (f pl)
کشمش	kešmeš	pasas (f pl)
انجیر	anjir	higo (m)
خرما	xormā	dátil (m)
بادام زمینی	bādām zamin-i	cacahuete (m)
بادام	bādām	almendra (f)
گردو	gerdu	nuez (f)
فندق	fandoq	avellana (f)
نارگیل	nārgil	nuez (f) de coco
پسته	peste	pistachos (m pl)
شیرینی جات	širini jāt	pasteles (m pl)
بیسکوییت	biskuit	galletas (f pl)
شکلات	šokolāt	chocolate (m)
شکلاتی	šokolāti	de chocolate (adj)
آب نبات	āb nabāt	caramelo (m)
نان شیرینی	nān-e širini	mini tarta (f)
شیرینی	širini	tarta (f)
کیک	keyk	tarta (f)
چاشنی	čāšni	relleno (m)
مربا	morabbā	confitura (f)
مارمالاد	mārmālād	mermelada (f)
وافل	vāfel	gofre (m)
بستنی	bastani	helado (m)
پودینگ	puding	pudin (m)
غذا	qazā	plato (m)
غذا	qazā	cocina (f)
دستور پخت	dastur-e poxt	receta (f)
پرس	pors	porción (f)

سالاد	sālād	ensalada (f)
سوپ	sup	sopa (f)
پایه سوپ	pāye-ye sup	caldo (m)
ساندویچ	sāndevič	bocadillo (m)
نیمرو	nimru	huevos (m pl) fritos
همبرگر	hamberger	hamburguesa (f)
استیک	esteyk	bistec (m)
مخلفات	moxallafāt	guarnición (f)
اسپاگتی	espāgeti	espagueti (m)
پورهٔ سیب زمینی	pure-ye sibi zamini	puré (m) de patatas
پیتزا	pitzā	pizza (f)
شوربا	šurbā	gachas (f pl)
املت	ommol-at	tortilla (f) francesa
آب پز	āb paz	cocido en agua (adj)
دودی	dudi	ahumado (adj)
سرخ شده	sorx šode	frito (adj)
خشک	xošk	seco (adj)
یخ زده	yax zade	congelado (adj)
ترشی	torši	marinado (adj)
شیرین	širin	azucarado, dulce (adj)
شور	šur	salado (adj)
سرد	sard	frío (adj)
داغ	dāq	caliente (adj)
تلخ	talx	amargo (adj)
خوش مزه	xoš mazze	sabroso (adj)
پوست	pust	piel (f)
فلفل سیاه	felfel-e siyāh	pimienta (f) negra
فلفل سرخ	felfel-e sorx	pimienta (f) roja
خردل	xardal	mostaza (f)
ترب کوهی	torob-e kuhi	rábano (m) picante
ادویه	adviye	condimento (m)
ادویه	adviye	especia (f)
سس	ses	salsa (f)
سرکه	serke	vinagre (m)
رازیانه	rāziyāne	anís (m)
ریحان	reyhān	albahaca (f)
میخک	mixak	clavo (m)
زنجفیل	zanjefil	jengibre (m)
گشنیز	gešniz	cilantro (m)
دارچین	dārčin	canela (f)
کنجد	konjed	sésamo (m)
برگ بو	barg-e bu	hoja (f) de laurel
پاپریکا	paprika	paprika (f)
زیره	zire	comino (m)
زعفران	za'ferān	azafrán (m)
غذا	qazā	comida (f)
صبحانه	sobhāne	desayuno (m)
ناهار	nāhār	almuerzo (m)
شام	šām	cena (f)
اشتها	eštehā	apetito (m)
نوش جان	nuš-e jān	¡Que aproveche!
مزه	maze	sabor (m)

مزه	maze	regusto (m)
رژیم	režim	dieta (f)
ویتامین	vitāmin	vitamina (f)
کالری	kālori	caloría (f)
گیاه خوار	giyāh xār	vegetariano (m)
گیاه خواری	giyāh xāri	vegetariano (adj)
چربی ها	čarbi-hā	grasas (f pl)
پروتئین	porotein	proteínas (f pl)
کربوهیدرات ها	karbohidrāt-hā	carbohidratos (m pl)
قطعه	qet'e	loncha (f)
تکه	tekke	pedazo (m)
ذره	zarre	miga (f)
قاشق	qāšoq	cuchara (f)
کارد	kārd	cuchillo (m)
چنگال	čangāl	tenedor (m)
فنجان	fenjān	taza (f)
بشقاب	bošqāb	plato (m)
خلال دندان	xelāl-e dandān	mondadientes (m)
بار	bār	bar (m)
پیشخدمت	pišxedmat	camarero (m)
پیشخدمت	pišxedmat	camarera (f)
متصدی بار	motesaddi-ye bār	barman (m)
منو	meno	carta (f), menú (m)
کارت شراب	kārt-e šarāb	carta (f) de vinos
مشروب پیش غذا	mašrub-e piš qazā	aperitivo (m)
پیش غذا	piš qazā	entremés (m)
دسر	deser	postre (m)
صورت حساب	surat hesāb	cuenta (f)
انعام	an'ām	propina (f)
قاشق چای خوری	qāšoq čāy xori	cucharilla (f)
قاشق سوپ خوری	qāšoq sup xori	cuchara (f) de sopa
در بازکن	dar bāz kon	abrebotellas (m)
در بازکن	dar bāz kon	abrelatas (m)
در بازکن	dar bāz kon	sacacorchos (m)
ماهی سیم	māhi-ye sim	brema (f)
کپور	kapur	carpa (f)
ماهی لوتی	māhi-e luti	perca (f)
گربه ماهی	gorbe-ye māhi	siluro (m)
سالمون اتلانتیک	sālmon-e atlāntik	salmón (m) del Atlántico
سفره ماهی	sofre māhi	lenguado (m)
سوف	suf	lucioperca (f)
کوسه ماهی	kuse-ye māhi	tiburón (m)
قارچ	qārč	seta (f)
قارچ خوراکی	qārč-e xorāki	seta (f) comestible
قارچ سمی	qārč-e sammi	seta (f) venenosa
قارچ سفید	qārč-e sefid	seta calabaza (f)
سماروغ	samāruq	boleto (m) castaño
قارچ زرد	qārč-e zard	rebozuelo (m)
قارچ تیفه ترد	qārč-e tiqe-ye tord	rúsula (f)
قارچ مورکلا	qārč-e morkelā	colmenilla (f)
قارچ مگس	qārč-e magas	matamoscas (m)
کلاهک مرگ	kolāhak-e marg	oronja (f) verde

ناردانک وحشی	nārdānak-e vahši	arándano (m) agrio
کبوی	kivi	kiwi (m)
میوۀ بوته ای	mive-ye butei	baya (f)
میوه های بوته ای	mivehā-ye butei	bayas (f pl)
توت فرنگی جنگلی	tut-e farangi-ye jangali	arándano (m) rojo
زغال اخته	zoqāl axte	fresa (f) silvestre
دانه	dāne	grano (m)
غلات	qallāt	cereales (m pl)
خوشه	xuše	espiga (f)
گندم	gandom	trigo (m)
چاودار	čāvdār	centeno (m)
جو صحرایی	jow-e sahrāyi	avena (f)
ارزن	arzan	mijo (m)
جو	jow	cebada (f)
ذرت	zorrat	maíz (m)
گندم سیاه	gandom-e siyāh	alforfón (m)
سویا	sowyā	soya (f)
عدس	adas	lenteja (f)
قارچ بولت	qārč-e bulet	boleto (m) áspero
میوه جات	mive jāt	frutos (m pl)